全国中小企业"依法治企"操作实务指南系列丛书

劳动法与劳动风险管理

《全国中小企业"依法治企"操作
实务指南系列丛书》编委会 编

中国财经出版传媒集团
经济科学出版社
Economic Science Press

图书在版编目（CIP）数据

劳动法与劳动风险管理/《全国中小企业"依法治企"操作实务指南系列丛书》编委会编. —北京：经济科学出版社，2017.7

（全国中小企业"依法治企"操作实务指南系列丛书）

ISBN 978 – 7 – 5141 – 8189 – 0

Ⅰ. ①劳… Ⅱ. ①全… Ⅲ. ①企业管理 – 人事管理 Ⅳ. ①F272.92

中国版本图书馆 CIP 数据核字（2017）第 159968 号

责任编辑：于海汛　段小青
责任校对：王苗苗
责任印制：潘泽新

劳动法与劳动风险管理

《全国中小企业"依法治企"操作实务指南系列丛书》编委会　编
经济科学出版社出版、发行　新华书店经销
社址：北京市海淀区阜成路甲 28 号　邮编：100142
总编部电话：010 – 88191217　发行部电话：010 – 88191522
网址：www.esp.com.cn
电子邮件：esp@esp.com.cn
天猫网店：经济科学出版社旗舰店
网址：http://jjkxcbs.tmall.com
北京密兴印刷有限公司印装
787×1092　16 开　8.25 印张　170000 字
2017 年 9 月第 1 版　2017 年 9 月第 1 次印刷
印数：0001—3000 册
ISBN 978 – 7 – 5141 – 8189 – 0　定价：22.00 元
（图书出现印装问题，本社负责调换。电话：010 – 88191510）
（版权所有　侵权必究　举报电话：010 – 88191586
电子邮箱：dbts@esp.com.cn）

主　　　编：翟继光　魏镇胜　俞　敏　赵德坤

编委会成员：翟继光　魏镇胜　俞　敏　赵德坤　秦根才
　　　　　　雷润琴　戴中伟　蒋秀峰　杨林荣　陈谷军
　　　　　　李　赛　闫申虎　陈艳华　王守国　陈　枫
　　　　　　李成博　赵东燕

总　序

《中共中央关于全面深化改革若干重大问题的决定》明确提出"推进法治中国建设",《中共中央关于全面推进依法治国若干重大问题的决定》更是具体提出了依法治国的重大制度建设与具体举措,其中就包括"推进多层次多领域依法治理"。广大中小微企业作为重要的基层单位,是推进依法治理的重要领域。

十八届四中全会以来,随着依法治国的理念不断深入人心,举国上下讲法、学法、守法、用法的热情不断高涨。在"大众创业、万众创新"以及财政、税收等政策支持下,中小微企业作为全国经济拉动的发力点,被进一步激活。在此政策与经济两大背景下,推动中小微企业法治建设,提高中小微企业依法治企能力与市场竞争力正当其时。

中国企业法律顾问网在各级中小企业主管部门的指导下,联合全国各中小企业协会、企业法律顾问协会,提出中小微企业两个"三年法治建设规划",即通过六年时间,两个三年法治建设规划,使中小微企业在思维认识、制度建设、法律队伍建设、法律信息化服务等各方面上一个新台阶,达到目前国内中央企业、大型企业法治建设的水平,部分中小企业达到国际法律管理标准,从而提高中小微企业市场竞争力,实现李克强总理提出的让中小微企业"活下去,活的好"的目标。

为帮助广大中小微企业更好地学法、守法以及运用法律武器维护自身合法权益,我们组织相关领域的专家编写了《全国中小企业"依法治企"操作实务指南系列丛书》。本套丛书包括四本,分别为《公司法与公司管理》《劳动法与劳动风险管理》《合同法与合同风险管理》《融资纳税刑事风险专题》。

《公司法与公司管理》一书全面讲解了公司设立、公司治理、股权设计、公司合并分立以及公司解散的基本法律制度及其所涉及的法律风险与控制。《劳动法与劳动风险管理》一书全面讲解了劳动合同订立、履行、解除、终止、休息休假、工资支付、经济补偿、工伤待遇、劳务派遣、劳动仲裁、劳动诉讼的基本法律制度及其所涉及的法律风险与防范。《合同法与合同风险管理》一书全面讲解了合同签订、履行、解除、合同管理等领域和阶段的基本法律制度及其所涉及的法律风险与防范。《融资纳税刑事风险专题》一书分四个主题讲解了企业运营法律风险防控、新三板企业融资精选案例、中小企业纳税筹划及企业家刑事法律风险。

  本套丛书的特色是理论结合实践，突出实用性和操作性。丛书通过大量案例来讲解相关制度以及操作方法，有利于广大中小微企业迅速掌握相关的技巧与操作方法，迅速将理论知识和书本知识转化为实践知识。

  本套丛书适宜作为广大中小微企业进行法律培训的教材，也适宜作为广大企业家/老板、企业管理层、企业律师、企业法律顾问掌握公司法、劳动法、合同法、税法、金融、企业家刑事责任等相关领域实务操作技能的参考书。

教材编委会

2017年7月20日

前　言

　　企业用工就会发生用工成本，用工还必须符合法律规定，否则不仅用工成本会急剧增加，而且还会背上违法的恶名。随着《劳动合同法》的颁布、实施，很多单位的领导开始惶惶不安起来，这些企业家们感到自己的用工成本突然越来越高，以至于有人打算把企业搬迁到内地经济落后的地区或采用转产、关门等方式避免与日俱增的企业成本，这就是企业的用工风险，或者说是违法风险。

　　其实，企业控制成本是时刻应当关注的事情，现代劳动法律实施的目的并不是为了加重企业的负担，也无意去压制企业的发展，它的本意旨在督促企业规范用工，创建和谐社会。只要企业依法用工，依法管理企业，企业不仅不会增加成本，并且还能降低成本、提高经济效益、同时提升企业形象。

　　企业的风险存在于企业建立之初，录用员工进入单位、签订劳动合同、履行劳动合同、直到离开单位甚至离开单位后的几年中。这些风险主要体现在：企业在员工招聘录用环节的法律风险，企业在劳动合同订立、履行中的法律风险，企业在劳动合同解除、终止时的法律风险，企业在处理休息休假、工资支付时的风险，企业在处理违约金、经济补偿金、赔偿金的法律风险，企业在处理工伤、工伤待遇的法律风险，企业在劳务派遣中的风险以及企业在劳动仲裁、诉讼中的风险，等等。

　　是要事先防范这些风险还是等风险来临时再设法去应付呢？对于这个问题，在企业家之间始终存在着争论。我们也曾向众多企业家做过调查，过半的企业家认为应当进行防范，但不知道该怎么防。少数的企业家认为"我一直这么过来的，麻烦不多，有了再解决，不用防"……各种说法不一。那到底要不要事先防范呢？我们认为是要事先防范的。因为等潜在的风险来临时，就变成了现实的麻烦，常见的如发生诉讼，诉讼是对麻烦的处理，从法理上是一种补救措施。企业不仅费财、费时、费力，而且还不一定有好的结果，因证据不足败诉或虽然胜诉了但执行不到位的事也屡见不鲜。我们常把麻烦的处理比作是患上疾病去医院治疗，患者可能花了大价钱，饱受了痛苦还不一定有好的医疗结果。而风险的防范好比是我们定期的体检，价钱相对就医来说要便宜得多，尽早地发现问题，可以花最少的价钱及时处理隐患，效益要高得多。话说到此，到底是否要少花钱做事先防范呢？答案应该是很明确的。

　　风险防范是每一个企业家或管理者想做、应做的事情，要做到实实在在的风险防范就必须首先要明白自己企业的风险在哪里，知道风险在哪里才能知道如何去防范。企业常见的法律风险主要分为两个方面：外部事务风险和内部事务风险。外部事务风险主要是指企业对外的经济事务，一般都是关系到合同的法律事务，此类纠纷相对较少，因为企业之间的经济合同往来，互相之间有相互的利益存在。合同履行中间发生问题一般相互协调处理解决的较多，除非不想再合作了才会对簿公堂。内部事务风险主要是指企业与内部员工之间用工过程中发生的管理上的法律事务，即劳动合同履行中的争议。

　　据媒体报道劳动争议在全国在逐年递增，在有些经济发达的地区成倍上升。究其原因就不得不分析、研究一下企业或老板和员工的关系了。他们的这层关系的本质是永远的雇佣与被雇佣的关系。一个员工每天起早贪黑的到单位来上班，辛辛苦苦地工作，为了什么？他们首先是为了那一份工资，以便来解决自己及其家庭的温饱问题。当单位因各种原因侵犯到他的这份利益，当然会引起他对单位的不满，但为了避免和单位发生正面冲突而失去现有的饭碗，权衡利弊后很多员工选择保持沉默和忍耐。此事不是就这么不了了之了，而是员工认为时机不够成熟，到时机成熟时他还是要和单位算这笔账的。所以，在许多看似风平浪静的"水面"上，实际暗潮涌动。一旦某天单位不想继续使用该员工了，或该员工不想在这里再做下去了，那么积压已久的矛盾就会全面爆发出来，举报、投诉单位违法，去申请劳动仲裁、向法院起诉、甚至罢工、闹事等事件就会接踵而来。本来单位中处于弱势群体的员工，在仲裁机构和法院的保护下，他们的力量变强大了。而本来处于绝对强势的企业，这时候在法院和仲裁机构面前只能像一只可怜的小鸟。因此，企业内部即用工的风险是当今企业面临的所有风险中最大的风险。

　　如何避免、化解这些与员工之间的矛盾和纠纷是企业永远挥之不去的烦恼，如何避免和化解这些矛盾，如何建立一个行之有效的风险防范体系，并使企业能够稳定发展才是老板们需要真正考虑的问题。不是员工不好，也不是企业不好，只是他们之间的关系没有处理好。在这里，本书将企业常见的用工风险要点加以归纳、剖析，同时推荐企业建立一套专属自己的用工风险防范体系。

目 录

第一章 企业规章制度不足的风险及防范 ………………………… 1
- 第一节 企业规章制度的重要性 ……………………………………… 1
- 第二节 《劳动合同法》对规章制度的影响 ………………………… 4
- 第三节 企业规章制度不足的风险、成因及防范 …………………… 6
- 第四节 与规章制度相关的典型案例 ………………………………… 9

第二章 企业招聘录用环节的风险及防范 ………………………… 15
- 第一节 企业招聘录用过程中的法律风险 …………………………… 15
- 第二节 企业招聘录用过程中的风险防范对策 ……………………… 16
- 第三节 与招聘录用相关的典型案例 ………………………………… 17

第三章 劳动合同订立、履行中的风险及防范 …………………… 24
- 第一节 不及时签订书面劳动合同的风险及防范 …………………… 24
- 第二节 劳动合同效力的风险及防范 ………………………………… 29
- 第三节 试用期管理的风险及防范 …………………………………… 32
- 第四节 服务期中的法律风险防范 …………………………………… 36
- 第五节 竞业限制中的法律风险及防范 ……………………………… 44
- 第六节 劳动合同履行和变更中的风险及防范 ……………………… 49

第四章 劳动合同解除、终止中的风险及防范 …………………… 57
- 第一节 双方协商解除中的法律风险及防范 ………………………… 57
- 第二节 劳动者单方解除的风险及防范 ……………………………… 58
- 第三节 用人单位单方解除的风险及防范 …………………………… 62
- 第四节 劳动合同终止中的风险及防范 ……………………………… 68
- 第五节 迟延退工的风险及防范 ……………………………………… 72

第五章 休息休假、工资支付中的风险及防范 …………………… 76
- 第一节 休息休假管理中的风险及防范 ……………………………… 76
- 第二节 工资支付中的常见风险及防范 ……………………………… 78
- 第三节 与休息休假、工资支付相关的典型案例 …………………… 79

第六章　违约金、经济补偿金、赔偿金的风险及防范 ………………… 87
第一节　与劳动合同违约金有关的风险及防范 ……………………… 87
第二节　经济补偿金、赔偿金运用中的风险及防范 ………………… 87
第三节　关于经济补偿金、赔偿金的常见问题及规定 ……………… 89

第七章　工伤风险及防范 …………………………………………………… 92
第一节　工伤认定及其申请程序 ……………………………………… 92
第二节　劳动能力鉴定与工伤保险待遇 ……………………………… 94
第三节　工伤风险防范对策 …………………………………………… 95
第四节　与工伤认定、工伤待遇相关的案例 ………………………… 96

第八章　劳务派遣的法律风险及防范 …………………………………… 105
第一节　劳务派遣用工常见风险及防范 ……………………………… 105
第二节　与劳务派遣相关的典型案例 ………………………………… 107

第九章　劳动仲裁、诉讼中的风险及防范 ……………………………… 114
第一节　劳动争议仲裁、诉讼风险要点 ……………………………… 114
第二节　用人单位举证责任的风险及防范 …………………………… 115
第三节　与劳动仲裁、诉讼风险相关的案例 ………………………… 116

第一章　企业规章制度不足的风险及防范

第一节　企业规章制度的重要性

无规矩不成方圆,管理一个国家需要制定各种各样的法律、法规,管理一个企业同样如此。以往很多企业都不太重视规章制度的设计和制定,有的企业习惯于靠人管人,而不是靠制度管人;有的企业虽然有一定的规章制度,但过于简单,没有可操作性。规章制度实质上是用人单位制定的组织劳动过程和进行劳动管理的规则和制度的总和,也称为企业内部劳动规则,是企业内部的"法律",是企业经营、管理的重要依据,其重要性主要体现在以下方面:

一、完善的规章制度有助于企业实现用工规范化管理

(一) 正面引导与教育作用

规章制度作为企业内部规范员工行为的一种准则,具有为员工在生产过程中指引方向的作用。规章制度公布后,员工就清楚地知道自己享有哪些权利,怎样获得这些权利,应该履行哪些义务,如何履行义务。比如规章制度中规定上下班时间,员工就知道了什么时候是工作时间,什么时候是休息时间,就可以指引员工按时上下班,以防止因迟到或早退而违反劳动纪律。再如,规章制度中规定工作中的行为规范,可以引导、教育员工约束自己的行为,防止出现不良行为。

(二) 反面警戒与威慑作用

反面的警戒和威慑作用主要体现在:首先,通过对员工违反规章制度的后果做出规定来威慑员工,使员工能够事先估计到在劳动生产过程中作为以及作为的后果,自觉抑制违纪或不法行为的发生。其次,通过对违反规章制度的行为予以惩处,让违纪员工从中受到教育的同时也使其他员工看到违反规章制度的不利后果,从而达到警戒和威慑全体员工的效果。

（三）防患未然与补充劳动合同的作用

企业生产劳动的过程，也是劳资双方履行义务、享受权利的过程。当劳资双方的权利和义务以及权利和义务实现的措施、途径和方法通过规章制度加以明确、具体后，就可以预防和减少争议的发生。比如，休息休假属于劳动合同的必备条款，但是劳动合同中可能仅仅涉及假期的种类，至于各类假期的请假条件、请假手续、休假期间的待遇等一般不会在劳动合同中进行详尽约定，这就需要企业在规章制度中对休假事项做出具体规定，否则容易引发诸多纠纷。

（四）证据支持与裁判依据的作用

由于劳动关系具有对抗性的一面，劳资矛盾是无法避免的，人力资源管理者所能做到的也只是尽量缓和矛盾，无法消除、杜绝劳资矛盾。当劳资矛盾爆发后无法通过协商、调解方式解决时，诉诸法律就是唯一的选择。劳动争议仲裁机构和法院审理劳动争议案件时，需要依据国家法律、法规、政策、劳动合同、集体合同。2001年《最高人民法院关于审理劳动争议案件适用法律若干问题的解释》第十九条规定："用人单位根据《劳动法》第四条之规定，通过民主程序制定的规章制度，不违反国家法律、行政法规及政策规定，并已向劳动者公示的，可以作为人民法院审理劳动争议案件的依据。"当国家法律、法规、政策、劳动合同、集体合同对争议事项规定不明确时，规章制度则显得至关重要，有时其重要性贯穿于企业管理和纠纷解决的全过程。

【案例1-1】

某公司以连续旷工12天为由单方解除了与张某的劳动合同关系，并及时办理了退工手续。随后，张某申请劳动仲裁，要求支付赔偿金。庭审中，双方各执一词：张某拿出了自己手写的请假条以及部门经理的批准证明，用以证明这期间属于请事假而非旷工；而用人单位则出具了经过张某曾经签收的《员工手册》。该《员工手册》明确规定了各级员工的请假审批程序："员工一次性请假1天以内的，由部门主管审批；一次性请假3天以内的，由部门经理审批；一次性请假5天以内的，由部门部总审批；一次性请假7天以内的，由公司分管领导审批；一次性请假8天以上的，由总经理批准；否则，视为旷工"。同时，单位还规定了"连续旷工10天以上属于严重违反规章制度，可以解除劳动合同关系"。劳动争议仲裁委员会认为：单位的规章制度经过员工签收，是合法有效的；而张某提供的请假条并未按照单位《员工手册》规定的请假审批程序办理，手续不合法，应视为旷工。根据法律的规定，单位在有合法证据证明员工严重违反用人单位的规章制度的情况下是可以单方解除劳动合同关系的。劳动争议仲裁委员会据此支持了单位的主张。

【案例1-2】

谢某是一家大型中外合资企业一位流水线上的员工，因对年终奖数额问题和单位领导发生冲突。该员工在情绪失控下将流水线上的关键生产设备拆下并藏匿起来，致整条生产线停工一天，单位无法按时交货，不得不承担延迟交货的违约金10万元。企业当即决定解除与该名员工的劳动合同关系，员工不服，遂申请劳动仲裁，要求恢复劳动关系。仲裁过程中，单位提供了经员工签字认可的《员工手册》，该《员工手册》中的奖惩制度里面明确规定了"破坏生产设备"属于违纪行为，而且也同时明确规定了关于"严重"违反规章制度的标准，即对公司造成直接经济损失达到3万元及以上者为"严重"。最后，劳动争议仲裁委员会驳回了谢某的请求。

上述两个案例均以企业胜诉告终。企业胜诉的原因在于这两个企业的规章制度内容具体且合法。案例一中，企业对员工请假审批程序事先作出了详细的规定，员工张某请假12天没有按照规定的请假手续办理请假事宜，最后被认定为旷工，且该企业的规章制度也明确了连续旷工10天即属于严重违纪行为。案例二中，企业对于违纪行为的"严重"标准作出了界定，谢某破坏生产设备给企业造成的损失超过了企业预先规定的"严重"标准，属于严重违纪的行为。由此可见，企业规章制度不仅仅在管理过程中扮演着极其重要的角色，同时也是企业在劳动争议中制胜的法宝。科学合理的规章制度可以使企业在劳动争议处理中把握主动权，降低败诉的风险。

二、不完善的规章制度将成为劳动争议的诱因，企业败诉的主因

完善的规章制度可以帮助企业实现规范化管理。不完善的规章制度可能适得其反，不但达不到帮助企业规范管理的目的，反而为企业引发麻烦。

【案例1-3】

小刘于2005年7月进入某公司工作，公司发放的《员工手册》规定：员工实行每周六天工作制，工作时间为上午8：30～12：00，下午13：00～17：30。2007年5月合同到期后，小刘离开公司，同时要求公司支付工作两年期间的周六加班工资近6万元，公司认为自己仅仅在《员工手册》上规定了周六工作，事实上公司并非每周六都安排员工工作，且即使安排周六加班，加班工资都已在平时的工资中支付，不同意支付。协商不成，小刘提起劳动仲裁。案件经过仲裁、一审，庭审中，小刘提供了公司的《员工手册》作为公司安排自己每周六加班的证据，在公司没有提供有力证据支持自己主张的情况下，法院最终判决支持了小刘加班工资的诉讼请求。

该案企业败诉的教训无疑是深刻的。现实中，很多企业的规章制度有类似的情况。如有的企业在规章制度中规定，员工每天的工作时间是10小时，但其实每天工作没有那么久。如果有这样的规定，将来员工拿企业的规章制度去打官司，公司若提不出充分有效的证据加以反驳，败诉则是必然的。因此，企业在制定规章制度时，切记要规范和完善。

三、规章制度可成为企业解除中长期劳动合同的依据

在《劳动法》之下,企业在终结劳动关系方面用得最多的是劳动合同终止制度,企业可以选择短期劳动合同,即一年一签甚至一年签订多次劳动合同。当企业不想再继续使用劳动者时,只需等到劳动合同到期终止即可,不仅简便,而且也无风险。但是,《劳动合同法》为解决劳动合同短期化问题,大大放宽了无固定期限劳动合同的成立条件。如劳动者在该单位连续工作满十年,用人单位连续与劳动者签订两次固定期限劳动合同,用人单位自用工之日起超过一年不与劳动者签订书面劳动合同的,都将可能导致无固定期限劳动合同成立。

企业一旦与劳动者签订中长期劳动合同或者无固定期限劳动合同,那么终止制度将不再好使,企业提前与劳动者解除劳动合同将受到诸多限制。企业若想在受到诸多限制的情况下行使提前解除权,必须事先完善自身的规章制度,将法律赋予用人单位可以单方解除的"严重违纪"、"重大损害"、"不能胜任工作"等情形界定清楚,一旦劳动者达到企业规章制度事先规定的情形,用人单位便可以据此提前解除劳动合同。

第二节 《劳动合同法》对规章制度的影响

《劳动合同法》的主要内容是规范用人单位与劳动者之间如何签订、履行、变更、解除、终止劳动合同等事项。此外,这部法律对规章制度也有很多新的规定。

一、《劳动合同法》为规章制度的制定提供法律依据

《劳动合同法》第4条第一款规定,用人单位应当依法建立和完善劳动规章制度,保障劳动者享有劳动权利、履行劳动义务。此规定意味着建立、健全规章制度既是用人单位的权利,也是用人单位的义务。该规定为用人单位制定规章制度提供了法律依据,用人单位可以结合本单位的实际情况制定规章制度,以保障本单位生产经营活动的正常运行。用人单位制定的规章制度主要包括:劳动合同管理、工资管理、社会保险福利待遇、工时休假、职工奖惩等。

二、《劳动合同法》中规章制度的制定发生了改变

《劳动合同法》第4条第二款规定,用人单位在制定、修改或者决定有关劳动报酬、工作时间、休息休假、劳动安全卫生、保险福利、职工培训、劳动纪律以及劳动定额管理等直接涉及劳动者切身利益的规章制度或者重大事项时,应当经职工代表大会或者全体职工讨论,提出方案和意见,与工会或者职工代表平等协商确定。法律最后的用词是"平等协商确定",由此可见,用人单位在制定规章制度时已不再是自己单方面的行为

了，而是需要与工会或职工代表平等协商确定。即规章制度的制定由用人单位的单方制定转变为用人单位与工会或职工代表的共同制定。

三、《劳动合同法》为企业制定规章制度提供更大的操作空间

《劳动合同法》第39条规定，劳动者有下列情形之一的，用人单位可以解除劳动合同：

（1）在试用期间被证明不符合录用条件的；
（2）严重违反用人单位的规章制度的；
（3）严重失职，营私舞弊，给用人单位造成重大损害的；
（4）劳动者同时与其他用人单位建立劳动关系，对完成本单位的工作任务造成严重影响，或者经用人单位提出，拒不改正的……

《劳动合同法》第40条规定，有下列情形之一的，用人单位提前30日以书面形式通知劳动者本人或者额外支付劳动者1个月工资后，可以解除劳动合同：

（1）劳动者患病或者非因工负伤，在规定的医疗期满后不能从事原工作，也不能从事由用人单位另行安排的工作的；
（2）劳动者不能胜任工作，经过培训或者调整工作岗位，仍不能胜任工作的……

从上述规定可知，法律规定的用人单位可以单方解除劳动合同的诸多情形缺乏具体操作的标准，如"录用条件"、"严重违反用人单位的规章制度"、"重大损害"的界定标准，"劳动者同时和其他用人单位建立劳动关系，对完成本单位的工作任务造成严重影响"、"不能胜任工作"的界定等等。

虽然《劳动合同法》对用人单位的用工给予了较多的规定和限制，但是也同样赋予了用人单位更广泛的权利细化空间，用人单位可以通过规章制度加以细化与完善，使之变得具有可实用性。

四、《劳动合同法》对规章制度制定程序的要求

《劳动合同法》第4条第二款规定，用人单位在制定、修改或者决定有关劳动报酬、工作时间、休息休假、劳动安全卫生、保险福利、职工培训、劳动纪律以及劳动定额管理等直接涉及劳动者切身利益的规章制度或者重大事项时，应当经职工代表大会或者全体职工讨论，提出方案和意见，与工会或者职工代表平等协商确定。《劳动合同法》第4条第四款规定，用人单位应当将直接涉及劳动者切身利益的规章制度和重大事项决定公示，或者告知劳动者。

上述规定要求用人单位在制定规章制度过程中要遵循平等协商程序或民主程序、公示或告知程序。如果用人单位不遵守上述程序，单方制定规章制度，或者制定后不履行告知义务，那么单位的规章制度将不能作为处理劳动争议案件的依据，这样的规章制度将因违法而无效。

五、《劳动合同法》对规章制度的实施、修改规定

《劳动合同法》第4条第三款规定，在规章制度和重大事项决定实施过程中，工会或者职工认为不适当的，有权向用人单位提出，通过协商予以修改完善。

《劳动合同法》第74条规定，县级以上地方人民政府劳动行政部门依法对下列实施劳动合同制度的情况进行监督检查：用人单位制定直接涉及劳动者切身利益的规章制度及其执行的情况……

上述规定是对用人单位规章制度实施监督的规定，其中一部分规定可以称为"内部监督"，即工会或职工有权监督用人单位规章制度的实施，在实施过程中发现规章制度的内容有不合理、不适当的，可以要求用人单位修改完善。另一部分规定可以称为"外部监督"，即劳动行政部门可以对用人单位的规章制度及其执行情况进行监督，就是在发现用人单位有不合法的，可以责令其改正。

六、《劳动合同法》的处罚力度

《劳动合同法》第38条规定，用人单位有下列情形之一的，劳动者可以解除劳动合同……用人单位的规章制度违反法律、法规的规定，损害劳动者权益的……

《劳动合同法》第46条规定，有下列情形之一的，用人单位应当向劳动者支付经济补偿：劳动者依照本法第38条规定解除劳动合同的……

《劳动合同法》第80条规定，用人单位直接涉及劳动者切身利益的规章制度违反法律、法规规定的，由劳动行政部门责令改正，给予警告；给劳动者造成损害的，应当承担赔偿责任。

与之前的法律相比较，《劳动合同法》加大了对用人单位违法规章制度的处罚力度，如用人单位有过错劳动者不仅可以随时解除，还可以要求用人单位还须支付经济补偿金。此外，第80条规定了规章制度若违法，用人单位有可能承担的行政责任与民事责任。

第三节 企业规章制度不足的风险、成因及防范

一、企业规章制度不足的风险分析

《劳动合同法》赋予了企业有制定内部规章制度的权利，但如果企业不依据法律规定的内容和程序制定内部规章制度，就会丧失法律效力，存在法律风险，企业也将因此承担不利的法律后果。主要法律风险体现如下：

（一）无效的规章制度不能作为处理劳动争议案件的依据

根据2001年最高人民法院《关于审理劳动争议案件适用法律若干问题的解释》第19条的规定，用人单位的规章制度，只有通过民主程序制定，不违反国家法律、行政法规及政策规定，并已向劳动者公示的，才可以作为裁判机关审理劳动争议案件的依据。否则，用人单位的规章制度将因无效而不予适用。

（二）企业可能因违法的规章制度承担民事赔偿责任

根据《劳动合同法》第80条的规定，用人单位直接涉及劳动者切身利益的规章制度违反法律、法规规定的，给劳动者造成损害的，应当承担赔偿责任。

（三）企业可能因违法的规章制度承担行政责任

根据《劳动合同法》第80条的规定，用人单位直接涉及劳动者切身利益的规章制度违反法律、法规规定的由劳动行政部门责令改正，给予警告。

（四）劳动者可以随时解除劳动合同并获得经济补偿金

根据《劳动合同法》第38条和第46条的规定，用人单位的规章制度违反法律、法规的规定，损害劳动者权益的，劳动者可以随时通知用人单位解除劳动合同，并有权要求用人单位支付经济补偿金。

（五）企业失去抵御劳动争议风险强有力的工具

企业制定规章制度的主要目的是维护企业日常管理及生产正常秩序。由于劳动争议的复杂多样，仅靠劳动合同是不够的，企业更需借助规章制度才能解决。如果制定的规章制度无效，企业在面临劳动争议时将失去强有力的抵御工具，从而遭受不必要的损失。

二、企业规章制度存在风险的主要原因

某些企业规章制度看似详尽，但如果在内容与法相悖，程序上不合规定，则是存在法律风险的主要原因有：

（一）内容不合法

一些单位制定的内部规章制度不同程度存在着违法内容，有的在工时、休假、加班等方面违反国家规定的基本标准；有的规定员工在劳动合同期间不能结婚生育，上下班要搜身检查，严重侵犯了公民的基本权利；有的规定员工入职要交保证金；有的随意延长员工工作时间而不发加班工资等，这些规章制度都将因违法而无效。

企业规章制度内容还应当合情合理。对于法律允许用人单位在规章制度中细化和完善的内容，如何谓"严重违纪"、"重大损害"、"严重失职"，等等，企业应结合本单位

实际情况合理界定标准，把握好常规判断尺度，其内容应取得绝大多数职工的认同，否则就失去了"合理性"，也将丧失法律效力。

（二）制定主体随意性

企业规章制度应当具有统一性和权威性，规章制度的制定主体应当是用人单位行政系统中专业机构，并由其代表用人单位制定和职工代表和工会共同制定。但现实中用人单位的很多部门也在制定和颁布实施制度。企业某个部门制定并以部门名义发布的规章制度则存在着法律效力风险。

（三）与员工的劳动合同相矛盾

《最高人民法院关于劳动争议案件适用法律若干问题的解释（二）》第16条规定，用人单位制定的内部规章制度与集体合同或者劳动合同约定的内容不一致，劳动者请求优先适用合同约定的，人民法院应予支持。该司法解释解决了员工劳动合同与规章制度相冲突时法律优先适用的问题。事实上，企业的规章制度是解决了企业共性化的问题，但用人单位与员工之间的劳动合同的是企业与员工之间的特别约定，是个性化的文件，当发生劳动争议时，劳动者有权提出优先适用劳动合同，这就意味着规章制度与劳动合同矛盾时就不能作为处理争议的依据。

（四）程序不合法

《劳动合同法》第4条对规章制度的制定、修改程序有明确规定，只有经过平等协商、公示或告知过的规章制度才有效。规章制度未依法经过民主程序或用人单位没有尽到告知义务的，都不能作为处理劳动争议案件的依据。

三、企业规章制度不健全的风险防范

企业规章制度不健全可能引发的法律风险及其成因后，企业可以从以下几方面加以防范：

（一）充分利用工会和职工代表的监督作用

法律赋予工会帮助、指导劳动者与用人单位依法订立和履行劳动合同，并与用人单位建立集体协商机制，维护劳动者的合法权益；直接涉及劳动者切身利益规章制度的平等协商确定权；劳动规章制度实施过程中的建议修改权等职权。所以，企业通过工会和职工代表大会在制定规章制度时，要与职工代表或工会充分协商，讨论确定直接涉及劳动者切身利益的事项。并且在规章制度实施过程中，要尊重职工代表及工会的修改意见，完善规章制度，充分发挥职代会和工会的桥梁及监督作用。

（二）及时、依法健全各类规章制度，确保合法、公平、合理

企业制定规章制度必须做到内容合法、公平、合理，不得违反公序良俗，不得与员

工劳动合同和集体劳动合同相矛盾。同时应遵循法定制作程序并公示或告知。

公示或告知的方式包括但不限于：

（1）在企业公告栏张贴；

（2）在企业官网或内部网站公布；

（3）编成手册发放给每一个员工并签收；

（4）对企业员工进行规章制度培训。

（三）及时修改完善与《劳动合同法》不一致的规章制度，履行告知义务

《劳动合同法》实施后，企业原有的规章制度必然过时，应及时修改完善乃至重建。一是企业要随时关注现行法律的修改以及新法律的出台，修改不合法的制度；二是企业要尊重法律赋予工会或职工在规章制度实施过程中的建议修改权，协商修改相应内容；三是企业要依据自身发展及内外环境的变化，依法修改、补充不适合的相关内容；四是制定员工手册，公示现有规章制度；五是依法对现有规章制度重新修改后，采取适合的方式公示或告知劳动者。

（四）提升企业文化内涵，构建和谐稳定的劳动关系

完善的规章制度体现了职、权、责的统一，能够充分调动企业部门、员工的积极性。通过对企业规章制度的良性实施，实现企业与职工发展的目标、行为统一，在劳动者身上体现企业精神，形成完整的企业文化，构建和谐稳定的劳动关系。

第四节 与规章制度相关的典型案例

【案例1-4 严重违纪可解雇，恢复关系难支持[①]】

【案情介绍】

张某是2000年进入上海某投资有限公司工作的，和公司签订的最后一份劳动合同的期限至2009年3月底，约定的工作岗位是客户经理。2008年8月11日中午12点午休时，张某使用自己的电脑在收听音乐，公司的另一员工正在和一客户在洽谈业务，由于张某开的音乐音量较大，部门经理李某要求张某将音量调小一些，但是张某却不予理睬，仍然自我陶醉在音乐声中。李某于是就跑过去自行将张先生的音量调小，张先生却反而将音量调得更大，致使在午睡的同事都很反感，原本在洽谈业务的客户也要求改天再来。这时部门经理李某对张某的行为已是忍无可忍，于是将张某的电脑强行关机，双方遂发生口角，张某一气之下还一拳打在李某的脸上，后在同事的劝阻下总算结束了这场争吵。

[①] 资料来源：上海劳动法律顾问网，本案刊登在2009年3月28日《劳动报》劳权周刊，承办律师：上海君拓律师事务所钱剑娥律师。

公司对该事情调查后，与张某进行了沟通，张某本来同意修完公休后于8月底主动辞职，但是修完公休假后他又要求到公司来上班，公司认为张某的行为已经严重违反了公司的劳动纪律，对公司的同事间也造成了很坏的影响，于是于2008年8月20日向张某送达辞退决定书。

张某认为自己虽然存在一定的过错，但是公司辞退自己理由不充分，于是向公司所在地的劳动仲裁委员会申请劳动仲裁，要求公司恢复自己的劳动关系并支付非法解雇期间的工资。

公司认为张某的行为已经构成了严重违纪，于是也委托律师积极应诉，并向仲裁庭提供了公司的相关规章制度作为证据。

仲裁庭经过审理后认为，张某的行为不仅违反了公司的规章制度，对公司的管理秩序产生了不利影响，也严重违反了一般劳动者所应尽到的职业道德和应遵守的劳动纪律，因此对张某要求恢复劳动关系的请求不予支持，后在仲裁庭的调解下，由公司从道义上给予张某一定的经济补偿。该案最终调解结案。

【案例分析】

这是一起用人单位以严重违纪为由辞退劳动者的典型案件，通过对本案的分析，希望用人单位和劳动者对严重违纪的界定与严重违纪的后果有一个比较清楚的认识。

1. 严重违纪的情形必须在规章制度中明确约定

用人单位若要证明劳动者严重违纪，首先得在规章制度中对员工一般违纪和严重违纪的情形作出明确具体的规定，而且对严重违纪的情形的约定也必须是合法公平，不能将一般违纪归入严重违纪的范围，更不得以约定严重违纪为幌子而损害劳动者的合法权益。本案中公司在员工奖惩条例中明确规定：劳动者严重违反公司规章制度或劳动纪律，使公司在名誉上或者经济上、工作上受到严重损失；不服从公司各级主管领导，或出工不力、惹是生非，在同事之间造成很坏影响等行为，公司可以解除劳动合同作开除处理。张某在公司的办公区域内大声听音乐影响客户洽谈生意，不仅不听从主管领导的劝导反而对其大打出手，根据公司的规定，张某的这种行为已经构成了严重违纪。

2. 严重违纪的规章制度必须经民主程序制定且经公示才有约束力

根据《劳动合同法》第4条规定：用人单位在制定、修改或者决定有关劳动报酬、工作时间、休息休假、劳动安全卫生、保险福利、职工培训、劳动纪律以及劳动定额管理等直接涉及劳动者切身利益的规章制度或者重大事项时，应当经职工代表大会或者全体职工讨论，提出方案和意见，与工会或者职工代表平等协商确定；用人单位应当将直接涉及劳动者切身利益的规章制度和重大事项决定公示，或者告知劳动者。本案中公司的劳动规章制度及员工奖惩制度经过民主程序制定后挂在公司的内部网站的首页上，并且在员工手册中也列明了员工的奖惩制度，张某像其他员工一样签收了公司发放的员工手册，因此公司对员工严重违纪的惩罚制度对张某具有约束力，公司以张某严重违纪为由解除其劳动关系的做法也是符合法律规定的。

3. 劳动者具有严重违纪行为的，用人单位有权解除劳动合同且不需支付经济补偿。

《劳动合同法》第39条明确规定，劳动者严重违反用人单位的规章制度的，用人单位可以解除劳动合同。另外结合该法第四十六条的规定，用人单位按照第39条的规定解除劳动合同的，不需要向劳动者支付经济补偿。本案中的张某确实存在严重违纪的情形，而且也违反了一般劳动者所应尽到的职业道德和应遵守的劳动纪律，因此公司以此为由而解除其劳动合同的做法也是符合法律规定的，张某要求公司恢复劳动关系的请求也就缺乏了法律依据，也正因如此，仲裁庭对张某要求恢复劳动关系的请求没有支持。

【案例1-5 总监旷工10余天，解雇缘何属违法①】
【案情介绍】

某跨国集团旗下的中国有限公司由于业务发展需要，2007年5月1日录用周某，并与周某签订了一份无固定期限的劳动合同，合同约定周某担任公司采购部总监职务，年收入为80万元人民币，平均分摊于12个月支付，周某有权参加公司的绩效奖金计划，此奖金的发放由公司全权裁量。

周某刚进入公司时工作还挺卖力，公司对他的工作业绩也比较满意。可是到了2008年3~4月期间，周某的表现却不尽如人意，还常常无故旷工，周某的旷工行为严重影响了公司的工作安排和工作任务的完成。公司听说周某在外与别人合办开公司，但是没有证据查实。公司领导几次找周某沟通，要求其能按时到公司上班，对工作尽职尽责，但是周某的表现依然没有大的改观。2008年4月20日，公司用EMS快递向周某发出了解除劳动关系的通知，随后为周某办理了退工手续。

周某不服公司的解除行为，于是向公司所在地的劳动仲裁委员会提起了劳动仲裁并提出以下申诉请求：要求公司恢复与其之间的劳动关系；要求公司支付自解除劳动关系之日至恢复劳动关系之日的工资；要求公司支付2007年度绩效奖金。

公司认为对周某的解除无论是理由还是程序都是合法的，于是对周某的申诉请求予以积极应诉。

审理过程中，周某表示，公司解除合同没有理由，公司提供一份门禁记录不真实，而且自己的工作一直是不需要考勤的；公司的解除程序不合法，自己从未收到公司的解雇通知，公司EMS送达的只是只是空白的离职程序单；而且公司并不能提供材料证明自己不符合享受2007年绩效奖金的条件。

日前，该案已经审结。仲裁庭经过审理认为：公司未能提供足具证明力的材料证明2008年4月20日已经发快递通知周某解除劳动关系，也未能提供相关材料证明门

---

① 资料来源：上海劳动法律顾问网，www.shldgw.com，本案刊登在2008年11月29日《劳动报》劳权周刊，承办律师：上海君拓律师事务所俞敏律师、钱剑娥律师。

禁记录作为员工的考勤依据及周某不符合2007年度绩效奖金的发放条件，故根据相关的法律规定裁决支持了周某的申诉请求。

【案例分析】

本案是用人单位因劳动者严重违反用人单位的规章制度而解除其劳动关系，却因为证据不足而没有得到法律支持的典型案例，其败诉的原因具有代表性。

该案例中的周某的确多次旷工，作为用人单位来说完全有理由辞退他，但是却由于公司规章制度的不完善和提供的证据存在某些缺陷而最终导致合法解除变成了违法解除，并为此付出了较沉重的代价。通过对本案的分析，我们希望能对用人单位在规章制度的制定和完善、证据的采集和保留方面有所帮助，也提醒用人单位，完善的规章制度和规范的操作，以及证据意识对用工管理是非常必要和重要的。

该案的争议焦点之一是周某是否存在有多日旷工的事实，这需要证据来加以证明。根据《最高人民法院关于审理劳动争议案件适用法律若干问题的解释》第13条之规定，因用人单位作出的开除、除名、辞退、解除劳动合同、减少劳动报酬、计算劳动者工作年限等决定而发生的劳动争议，用人单位负举证责任。

庭审中，公司提供了一份周某在2008年3~4月期间的门禁记录和公司的规章制度，从这份门禁记录中可以看出周某在这段时间内累计有14个工作日没有出入公司的记录，以此公司认定周某的长期旷工行为严重违反了公司的规章制度。但是周某对该门禁记录的真实性不予认可，并且辩解公司并没有相关的材料证明门禁出入记录就是作为员工的考勤依据，更何况公司也没有规定需要对自己的日常工作进行考勤。仲裁庭也认为，公司仅仅提供一份门禁出入记录就认定周某旷工，证据不充分，因此对公司主张周某长期旷工的事实不予采信。

本案的争议焦点之二是公司是否按照法定程序向周某发出了解除通知。在庭审中，公司向仲裁庭提交了一份2008年4月20日寄发的由周某本人签收的EMS签收单，以此来证明公司已经依法解除了周某的劳动关系。但是周某却矢口否认收到的是解除劳动关系的书面通知，只承认收到的是空白的离职程序单。由于公司在寄发快件时没有对信件内容上做出特别标注，因此在举证时也就陷入了被动的境地。

本案的争议焦点之三是周某是否能享受2007年度绩效奖金。公司认为在和周某的劳动合同中约定了公司有对绩效奖金计划的全权裁量权，基于周某的工作表现，公司完全有权不向周某发放绩效奖金。但是仲裁认为公司并不能提供对绩效奖金发放的具体考核标准，也不能提供证据证明周某不符合2007年度绩效奖金的发放条件，因此裁定公司应依约向周某支付2007年度绩效奖金。

打官司往往就是打证据，由于公司缺乏充分的证据证明周某旷工多日，并向周某寄发了解除通知及周某不符合发放2007年度绩效奖金的条件，因此最终仲裁庭支持了周某的全部申诉请求。

【案例1-6 过失性辞退理由不成立，单位将负违法责任①】

【案情介绍】

李某于2006年4月18日进入上海某物流有限公司（以下简称"公司"）担任部门经理，双方签订的劳动合同的最后终止期限为2009年4月，约定工资为每月10000元，2007年4月起调整为每月12000元；年终双月薪。

李某在任职期间遵纪守法，对自己的本职工作更是认真负责兢兢业业，可是令她万万没有料到的事情发生了。就在2007年11月15日，公司突然向李某提出书面辞职通知并拒付经济补偿，理由是在2007年7~9月期间，李某为其下属签字批准的报销费用中的大部分为假发票。公司认为李某的行为已严重违反了公司的报销制度及相关的规章制度，属于严重违纪，因而有权立即解除其劳动合同并拒付任何经济补偿。

李某认为，其下属员工产生费用填写报销单交给自己签字后，须交财务审核，若财务审核时发现问题会通过电子邮件直接和报销人进行核实；且作为部门经理的她没有能力辨别发票真假，对员工申请报销的项目是否属于报销范围亦不知晓，故认为单位对其的辞退属于无故解除劳动关系。

面对公司的无理解除，李某有两种选择，一种是要求公司恢复其劳动关系，另一种是要求公司支付相关经济补偿，但是毕竟要和公司对簿公堂，选择继续履行劳动合同对她已经没有太大的实际意义，于是李某向仲裁庭提起了申诉，要求公司支付解除劳动合同的经济补偿金24000元，另外公司没有提前30天书面通知解除劳动合同，应支付一个月的代通金即12000元。

仲裁庭经过审理，日前作出裁决，支持了李某的申诉请求。

【案例分析】

该用人单位以李某严重违反公司财务制度和相关规章制度为由解除其劳动关系的理由不充分，属于违法解除。

根据《劳动法》及《劳动合同法》的相关规定，劳动者严重违反用人单位规章制度的，用人单位有权解除其劳动合同并不支付任何经济补偿。可是什么情况才算严重违反公司规章制度呢？

规章制度是用人单位依法按照单位的具体情况制定的内部管理制度，是单位管理员工的重要依据，也是员工应该遵守的行为准则。《劳动法》第4条规定，用人单位应当依法建立和完善规章制度，保障劳动者享有劳动权力和履行劳动义务。《最高人民法院关于审理劳动争议案件适用法律若干问题的解释》第19条规定，用人单位根据《劳动法》第4条之规定，通过民主程序制定的规章制度，不违反国家法律、行政法规及政策规定，并已经向劳动者公示的，可以作为人民法院审理劳动争议案件的依据。同时最新的《劳动合同法》第4条对规章制度做出了更明确的规定，用人单位应当依法建立和完善劳动规章制度，保障劳动者享有权利、履行劳动义务；用人单位应该将直接涉及劳动者切身利益的规章制度和重大事项决定公示，或者告知劳动者。根

---

① 资料来源：2008年6月《劳动报》劳权周刊，承办律师：上海君拓律师事务所俞敏律师。

据以上规定，用人单位若认为员工严重违反单位的规章制度的话至少必须具备两个条件：第一，单位必须依法制定明确具体的规章制度；第二，单位必须将相关的规章制度书面告知劳动者或公示。

然而，本案中的用人单位虽然提供了公司员工手册中关于任何涉及费用与报销的不诚实行为或者欺诈行为属于严重违纪行为的规定，但是未能提供公司对费用报销范围的规定及报销流程等方面的具体规章制度。本案中的该员工作为部门经理，并不具备一般专业财务人员对发票真伪进行鉴别的能力，对其下属员工申请报销费用的项目是否属于报销范围也不知晓，即使如该用人单位所说的所报销的发票大部分为假发票她也很难辨别；更何况其所签字核准的报销单最终还须交财务核准。因此，本案中员工的行为只是在正常履行自己的职责，并没有严重违反该用人单位所谓的财务制度及相关规章制度，该用人单位根据"严重违反用人单位规章制度"为由解除其劳动关系的做法是违法的。

该案例中的员工勇敢地拿起法律武器维护了自己的合法权利，案情也算告一段落。不过在这里还是要提醒一下用人单位，规章制度是用人单位用工自主权和员工参与民主管理相结合的产物，是用人单位行使用工自主权的一种方式和手段。用人单位要想在管理员工方面做到游刃有余，必须建立一套完善健全的规章制度和岗位责任制度。完善的规章制度不仅能使单位轻松防范或规避很多用工风险，也能在处罚违纪员工时真正做到能有理有据。

第二章　企业招聘录用环节的风险及防范

第一节　企业招聘录用过程中的法律风险

企业招聘风险是指由于企业招聘工作各种不当行为，使企业招不到合适员工，从而影响企业的正常经营并使企业蒙受多方面损失的风险。招聘员工是用人单位适用员工的第一步，其中的不当行为会给之后埋下诸多风险。主要有以下几方面：

一、招聘员工录用要求描述不清的隐患

企业在招聘员工时，招聘信息应该有精准的描述，不应随意发布，应根据岗位需求明确应聘者的任职资格，如年龄工龄、资格证书、工作经验、专长、学历学位、以往业绩、健康状况等，如果招聘录用条件描述不详或不清将会在未来引发诸多纠纷。《劳动合同法》第39条规定，劳动者在试用期间被证明不符合录用条件的，用人单位可以解除劳动合同。如果用人单位在招聘录用时没有与员工确定相应的录用条件，则无法判定劳动者是否符合录用条件，从而不能据此处理员工。

二、被劳动者欺诈的风险

法律赋予用人单位与求职者双方均负有如实告知的义务，但在现实中用人单位被劳动者欺骗并无从维权的事情屡见不鲜。《劳动合同法》第8条规定，用人单位招用劳动者时，应当如实告知劳动者工作内容、工作条件、工作地点、职业危害、安全生产状况、劳动报酬，以及劳动者要求了解的其他情况；用人单位有权了解劳动者与劳动合同直接相关的基本情况，劳动者应当如实说明。再根据《劳动合同法》第26条和第86条的规定，以欺诈手段使对方在违背真实意思的情况下订立劳动合同的，该劳动合同无效或者部分无效。劳动合同被确认无效，给对方造成损害的，有过错的一方应当承担赔偿责任。

但如果用人单位在招聘过程中未告知求职者在填写本人《个人基本信息登记表》时应如实填写及不实填写的严重后果，那么当求职者即便存在隐瞒或虚假告知的情况下，用人单位也会无法有效地维权。

三、用人单位未尽审慎审查的义务

在正式录用员工之前审查义务是用人单位的权利也是义务，否则将可能导致以下几种风险出现：

（1）未对求职者身份信息与本人进行核查，可能导致用人单位招进冒名顶替的人员，如发生工伤事故，单位有可能为员工承担工伤赔偿责任。

（2）未对员工真实年龄进行核实，可能会使劳动关系不成立。

（3）未对员工进行背景调查，可能会录用到不良或不合格员工，还会使企业遭受意外的麻烦和损失。

（4）未要求员工提供健康体检，如果员工身体状况存在问题，不仅无法正常工作，还会造成企业招聘、培训的损失和后期更多的系列损失。

四、录用员工操作不当的法律风险

录用通知书具有法律上要约的约束力，如果用人单位操作不当，向求职者发出录用通知书后又取消，应聘者可能会要求用人单位赔偿损失。

除上述列举的风险之外，用人单位在招聘过程中，还存在其他的风险。

第二节　企业招聘录用过程中的风险防范对策

为了预防和减少用人单位在招聘录用过程中的法律风险，用人单位可以采用以下几方面防范对策：

一、根据实际需要设定录用条件

《劳动合同法》第39条虽然允许用人单位辞退试用期员工，但解除权的行使是有条件限制的，即用人单位只有在有证据证明劳动者在试用期间不符合录用条件的情况下才可以行使。这也就要求用人单位要设定尽可能有实效的录用条件。

因为每个岗位的要求和标准不同，用人单位在制定录用条件时，可以因岗而定分类进行。对于一般员工，可以制定一般性的录用条件，着重于基本岗位职责和单位规章制度的遵守；对于负有重要责任的员工，可以增加业绩考核的标准或特定的标准进行作为录用条件。但无论哪类员工，制定的录用条件尽量能够量化或标准化易于日后的考评，模棱两可的标准表述会给日后的评判和管理带来潜在的风险。

用人单位确定录用条件后，与应聘者签订劳动合同的同时还应当签订《录用条件标准》，让劳动者签名确认知晓。

此外，企业在发布招聘广告时还应注意避免出现就业歧视性内容，如对民族、种族、性别、身高、年龄、宗教信仰、残障、户籍、地域等进行限制。

二、做好背景调查,核实确认应聘者提供信息的真实性

用人单位在招聘过程中应认真核实应聘者的身份情况及简历信息,要求应聘者签署所提供信息真实性承诺,并告知求职者提供不实资料的性质和法律后果,避免因劳动者欺诈引发的纠纷。

即使如此,用人单位还应做好对重要应聘者背景调查工作,着重审查应聘者是否与前单位真实解除了劳动关系,可要求员工提供其与原单位解除或终止劳动合同的证明材料。同时审查应聘者是否与原单位签订有保密和竞业限制协议等,必要时还可以向原单位进行调查核实,从而防范员工可能带来与原单位的违约纠纷,甚至把用人单位卷入其纠纷之中的法律风险。

三、确定之后再发出录用通知

在通过招聘面试等多重考察后,企业会向合格求职者发出录用通知。然而不少企业对录用通知法律约束力的性质认识不够,企业发出的录用通知列明了岗位、工资、福利待遇等内容就会构成法律意义上的要约行为,求职者一旦接受就表示承诺对企业具有约束力,企业就不得单方面撤销,否则由此给求职者造成损失的,用人单位将要对求职者承担赔偿责任。

因此,录用通知书对用人单位至关重要,用人单位应慎重对待,在没有确定录用求职者之前不要轻易发出,如不慎发出也应及时撤回录用通知。按照法律规定,在要约到达受约人之前可以撤回要约,撤回通知先于或与要约同时到达受要约人的,撤回有效。

第三节 与招聘录用相关的典型案例

【案例 2-1 录用条件不详,企业无奈自尝苦果①】
【案情简介】
某印刷厂预招劳动合同制工人,对外发出的招工简章规定:招用劳动合同制工人5人,工种为排版工,男女不限,年龄在26周岁以内,身体健康,无传染病,高中以上学历。其中一个应聘者杨某是该市一名待业青年,经过两轮面试,于2006年7月与印刷厂签订了为期5年的劳动合同,合同约定试用期为5个月,岗位是激光照排车间排版工。杨某上班一段时间后,车间主任发现经杨某排版的清样不仅错误多,而

---

① 陆敬波:《录用条件不详,企业无奈自尝苦果》,载《人力资源》2007年12期。

且速度和质量与同期进厂的工人差距很大，便建议杨某到医院检查视力。检查结果表明：杨某在招工以前即已是视神经萎缩，裸眼视力只能达到4.6，而且不能矫正。2006年10月，车间主任将情况上报人力资源部并经厂长批准，一纸劳动合同解除通知书告知杨某不符合工厂的录用条件，理由是印刷厂早有明确规定，厂内所进一线工人，双眼裸眼视力均要达到5.0（新的国际标准）以上，而杨某不符合此项要求。杨某则认为印刷厂已与自己签订了劳动合同，在劳动合同正常履行过程中单方解除合同，属违约行为，便申请劳动仲裁，要求恢复与该厂的劳动关系。

经审理，劳动争议仲裁委员会支持了杨某关于恢复与该印刷厂劳动关系的请求。

【案例分析】

《劳动合同法》第39条规定，劳动者在试用期间被证明不符合录用条件的，用人单位可以解除劳动合同。剖析本条款，企业以"劳动者不符合录用条件"为由做出解除合同的处理应具备以下要件：（1）企业有相应岗位的录用条件（如劳动者年龄、文化程度、身体状况、技术业务水平、户籍关系等）；（2）员工不符合企业规定的录用条件；（3）企业有证据证明员工不符合录用条件；（4）企业做出解除劳动合同的时间在员工试用期内。换句话说，企业需满足法律依据、事实依据、证据要素以及时间契合要素等综合条件才能在试用期内解除与劳动者的劳动关系。

对照此条款审查本案：第一，法律依据方面，印刷厂在招工简章中规定了具体的录用条件，同时企业规章制度也规定了对裸眼视力不达5.0标准的人员不予录用；第二，事实依据方面，杨某到医院检查视力的报告显示，其本人在招工以前即已是视神经萎缩，裸眼视力只能达到4.6，而且不能矫正，充分的证据已将事实固定化，变成了法律事实；第三，时间要素方面，企业解除杨某劳动合同正值杨某的试用期间，满足法律规定。

分析至此，似乎感觉企业的做法没有错误，但为何仲裁委员会最终会判员工胜诉？问题的关键在于企业内部规章制度对"员工录用条件"做出的规定对于将被录用的新员工是否有效？参考民法中的"合同相对性"原理，很容易得出问题的答案——无效。企业规章制度是企业与其内部员工之间的"约定"，新招录员工作为第三方不可能知晓企业对员工已做出的这样一种规定，他们对所应聘企业招录条件了解的唯一来源就是企业对外公布的招聘公告（或称招工简章等）。因此，以企业内部规章制度对抗新录用的员工并不合理，这种规章制度的规定不能视作法律意义上的"录用条件"。更何况，规章制度对内生效还需具备内容合法、民主制定以及公示程序三项要件，对外如何能满足"民主制定"和"公示程序"呢？因此，从规章制度生效条件本身出发亦可推翻企业的这种做法。

【忠告及对策】

从该印刷厂公布的录用条件可以看出，该厂有"招聘新员工应当规定录用条件"的法律意识；从该厂规章制度明确规定的视力要求看，说明该厂对内部每一个岗位都有清晰的定位和明确的要求。这样的两步基础工作本应为企业防范法律风险铺平了道路，但由于企业在具体操作中的一点偏差，使得"失之毫厘、谬以千里"——企业最终难逃争议败诉的命运。这个"偏差"就是：制定录用条件一定要尽可能详尽，如果对岗位有特殊要求，一定要体现在录用条件中，尽可能使企业对员工的所有明确要求与企业为员工设定的录用条件一致，否则，一旦问题出现，企业就需认可自己的"先行为"——对外公布的不完善的录用条件，向法律妥协。

【案例2-2　应聘填表称已婚已育，入职怀孕可否被解雇？[①]】

【案情介绍】

2012年9月，王女士到一家培训中心应聘雅思英语老师。由于担心单位会在录用时对未生育的妇女差别对待，于是王女士在填写求职登记表时，将婚育状态一栏填写为"已婚已育"，并虚报了生育信息。

经过几轮面试，王女士顺利入职培训中心，并签订为期两年的劳动合同。此后，王女士的工作表现一直不错，工作能力也得到单位认可。直到经医院检查后被诊断为怀孕，遂将这一情况告知单位。

培训中心得知情况后，以王女士虚报个人资料为由，与其解除劳动合同。对此，王女士认为，自己虽然虚报了生育情况，但属无奈之举，单位的做法是违法解除劳动合同。

庭审中，培训中心人员辩称，王女士入职时填写和签收了一系列文件，这些文件均要求员工提供真实的信息。根据劳动合同和企业奖惩制度，员工提供虚假资料的，公司可予以解雇。培训中心还强调，是否生育与王女士竞聘的岗位无关，但诚信问题与岗位有直接关系。

法院审理后认为，培训中心解除劳动合同违反法律规定。王女士处在产假期内，对其要求与培训中心恢复劳动关系的诉请应予支持。

【案例分析】

问：生育状况是否属于劳动者应该如实说明的范围？

答：《劳动合同法》规定，用人单位有权了解劳动者与劳动合同直接相关的基本情况，即与劳动合同履行存在实质性关联的事项，包括劳动者个人身份信息及反映劳动者工作能力、技术熟练程度的工作履历、资格证书或健康资料等。婚姻、生育状况通常与劳动合同的履行没有必然关系，属个人隐私。

问：王女士的做法是否构成欺诈？

答：劳动合同签订过程中的虚假陈述构成欺诈，是用人单位行使解雇权的依据。本案中，培训中心已明确表示王女士生育的情况与是否录用无关，因而可以认定单位并非相信已生育的虚假陈述而与其签订合同。故王女士因担心就业压力虚报个人生育状况不应被认定为欺诈，单位也就无权据此解除劳动合同。

[①] 资料来源：上海劳动法律顾问网2016-04-22。承办律师：上海君拓律师事务所刘宏耀律师。

【案例 2-3 单位发录用通知后反悔，求职者该如何维权①】

【案情介绍】

2011年6月，小蒋因求职面试了几家单位，最终有两家单位向他发出了录用通知。一家在上海，一家在昆山。两家均开出月薪4000元的薪资条件。其中，上海的这家公司于2011年7月1日向小蒋发送了录用通知，内容大致如下：公司决定录用你担任会计工作，月薪4000元，工作地点位于上海某区，请于2011年8月1日到职。昆山某公司的录用通知则于2011年7月8日发至小蒋，内容大致如下：公司决定录用你担任会计工作，月薪4000元，工作地点位于苏州昆山，请于2011年8月1日到职。小蒋经过再三考虑，选择了上海某公司，从而也就放弃了昆山某公司提供的工作。然而，2011年7月25日，小蒋突然收到了上海某公司的通知："由于公司内部情况发生重大变化，不再需要录用会计人员，因此将不与您签订劳动合同，对您造成的不便深表歉意。"这时，小蒋感觉受到了欺骗，如此一来，自己不仅失去了昆山某公司提供的工作机会，还要白白荒废近1个月的时间。小蒋遂与上海某公司联系，要求其按照录用通知所载明的内容签订劳动合同。但小蒋的请求却遭到了该公司的拒绝。

小蒋在华东政法大学劳动法律援助中心的帮助下再次与公司交涉，最终双方经谈判达成和解协议，上海某公司以录用通知所载明的月工资标准赔偿小蒋4000元，双方再无其他争议。

【案例分析】

一般情况下，用人单位若对求职者的条件表示满意，并决定录用该求职者，通常会向求职者发送一份录用通知。但由于此时用人单位尚未开始正式用工，劳动者与用人单位也尚未建立劳动关系，双方也没有签订劳动合同，所以自用人单位向求职者发送录用通知至双方签订劳动合同这段期间之内的权利义务关系在劳动法领域缺乏具体的法律规则。一旦劳动者与用人单位在这一阶段发生争议，有时还需要从民法（尤其是合同法）中寻求解决途径。

根据《合同法》第14条的规定，要约是希望和他人订立合同的意思表示，该意思表示应当符合下列规定：（1）内容具体确定；（2）表明经受要约人承诺，要约人即受该意思表示约束。本案中上海某公司发出的录用通知书具有《合同法》中"要约"的性质。根据《合同法》第17条与第18条的规定，要约一旦被受要约人承诺接受，要约人就要受到该意思表示的约束。要约人若想撤回要约，撤回通知需在"要约到达受要约人之前或者与要约同时到达受要约人"；若想撤销要约，撤销通知须在"受要约人发出承诺通知之前到达受要约人"，且《合同法》第19条还规定在两种情况下不得撤销要约。本案中，公司发出的录用通知于7月1日送达小蒋，小蒋也已做出接受的承诺，因此至7月25日公司向小蒋发送通知之时已不存在撤回或撤销录用通知的可能。

那么，本案中公司违背诚实信用的反悔行为究竟应该承担何种法律责任呢？

---

① 李干：《单位发录用通知后反悔 求职者该如何维权》，载《劳动报劳权周刊》，2014年4月11日。

根据《合同法》第25条与第26条的规定，一般情况下，"承诺通知到达要约人时生效"，"承诺生效时合同成立"。但也有特殊情况，《合同法》第32条规定，当事人采用合同书形式订立合同的，自双方当事人签字或者盖章时合同成立。由于《劳动合同法》第10条规定，建立劳动关系，应当订立书面劳动合同。因此，劳动合同应当自劳动者与用人单位签字或盖章时成立，而用人单位在这之前对录用通知进行反悔的行为违反的是基于诚实信用原则的合同义务，因此应当相应地承担缔约过失责任。

对于缔约过失责任，《合同法》第42条规定，给对方造成损失的，应当承担损害赔偿责任。缔约过失责任制度保护的是合同缔结过程中善意一方的信赖利益，而信赖利益的损失不仅包括直接损失，如缔约费用与准备履约的费用，也包括间接损失，即因丧失与第三人另订合同的机会所产生的损失。因此，本案最终双方达成的和解结果于法有据合情合理。

【案例2-4 单位招聘设置身高限制构成就业歧视[①]】

【案情介绍】

2013年11月，宁某看到某公司在网上发布的公开招聘公告后报名参加招考。某公司在招聘条件中添加了一项个性化条件，要求女性报考人员的身高不低于157厘米。宁某在进行资格初审时填报身高为160厘米，并参加笔试、面试均取得第一名。在双方正式签订劳动合同之前，因竞争者举报宁某实际身高未达到设定的条件，某公司将拟聘考生集合到单位办公室组织重测，宁某此次身高测量结果仅为155厘米。

某公司于2014年2月21日以书面形式向宁某发出身高复查通知，要求宁某于2月21日上午到某公司指定的权威医院进行身高复测，否则视同放弃，但宁某未参加复测。某公司即以宁某身高未达到设定条件为由决定停止招录程序，拒绝与宁某签订劳动合同。宁某认为，某公司设定的身高要求对其构成歧视，侵犯了其平等就业权，遂诉至法院，要求某公司与其签订劳动合同，并赔偿精神损失10万元。

该案在审理过程中存在两种处理意见：

第一种意见认为，某公司设定女性身高157厘米的个性化条件与宁某报考的业务员岗位不具有关联性，身高要求侵犯了宁某的一般人格权，宁某可以基于一般人格权被侵犯要求某公司承担相应的精神损害赔偿。但基于合同意思自治及合意原则，宁某无权强令某公司与其签订劳动合同。

第二种意见认为，某公司设定个性化条件是单位自主招工权的体现，且招聘时已明确公示身高要求，宁某对该要求明知并且认可，某公司设定身高要求对宁某不构成歧视，未侵犯宁某的合法权益，宁某的诉讼请求应予驳回。

---

① 丁英：《单位招聘设置身高限制构成就业歧视》，载《人民法院报》第七版，2015年1月7日。

【案例分析】

笔者同意第一种意见。

1. 劳动者享有的平等就业权利应受法律保护

我国宪法第33条第二款规定，中华人民共和国公民在法律面前一律平等；第42条第一款规定，中华人民共和国公民有劳动的权利和义务。公民在就业和职业方面的平等权利属于宪法层面的基本权利。为贯彻宪法精神，就业促进法第三条规定，劳动者依法享有平等就业和自主择业的权利，不因民族、种族、性别、宗教信仰等不同而受歧视；第62条规定，违反本法规定实施就业歧视的，劳动者可以向人民法院提起诉讼。平等就业权受到歧视与限制的，劳动者有权诉诸司法救济，法院不得拒绝裁判。

就本案宁某所报考的业务员岗位而言，胜任该岗位不以身高为必要条件，而以专业知识、心理素质、礼仪技巧等素养为必须。宁某在笔试、面试阶段均能取得第一名的成绩，说明她完全具备该岗位的素质要求，其与竞争者相比属于职位的最佳候选人，具有获得录取的合理期待，并且此种期待应受法律保护。相反，身高对于业务员而言不是完成工作不可或缺的职业资格，报考人员平等就业的权利不应被"不符合身高"的歧视性理由剥夺。

2. 单位的用人自主权不得与公民的基本权利相冲突

有观点认为，用人单位对考生具备何种条件才符合招聘目的最具发言权，作出必要的限制属于单位用人自主权的范畴，每一项招聘条件都可能排除相应群体的报考资格，只要这种限制条件不违背法律的强制性或禁止性规定，就无可厚非。但笔者以为，这种观点高估了现行法律关于劳动者权益保护规定的完备性与可操作性，低估了企事业单位在用人招聘环节所应承担社会责任的重要性。法律难以针对单位的招聘条件事无巨细地——规范，即便作出规范，也容易陷入"滞后"的困局，其在就业领域的规范注定是抽象的、指导性的，辨明招聘环节中形形色色的"排除条款"是否构成对公民就业权利的侵害，更要寻求法理原则与法条的实质含义，甚至衡量私法行为的公法价值。一个指导原则是，除非有法定的理由，单位的用人自主权不得侵犯公民的劳动权与择业自由权，拟订限制性条件的，应由用人单位事先作出合理而非歧视性的解释，履行公示的原则，把限制内容的合理性和必要性予以充分说明；并且在中国的国情下，单位的"用人自主"不宜与其社会地位与应承担的社会责任相冲突，尤其是国家机关与国有企事业单位。

3. 法院和法官应直面规范缺失的困局

法院和法官在司法裁判中应直面规范缺失的困局。劳动法第12条规定，劳动者就业不因民族、种族、性别、宗教信仰不同而受歧视，但把年龄、户籍、学历、身高等就业歧视排除在此条款之外。同时，法律对于哪些条件属于"歧视性条件"也无明确界定，更缺乏就业歧视出现后的诉讼程序和判断标准。因此，法官关于某项限制是否合法与合理的裁量空间比较大。但正因为规范的缺失，法官才有足够的理由开展能动司法，推动社会观念与规则的进步，将平等原则与反歧视理念贯穿始终。在案件的审理中，核心要素在于厘清用人单位设定的条件属于"合理差别"还是"歧视待遇"、其所设定的差别是否逾越普通民众的接受限度。

　　入职身高限制存在多年，其表面合理的背后掩藏着明显的歧视成分，在"不同行业有且应当有自己的职业要求"的思维定势下，关于身高的限制不仅获得用人单位的支持，也取得相当部分公职人员的同情。实际上，身高除对极少数职位而言构成必要条件外，绝大部分的职位都无须作此要求，在强调智力资源重于一切的现代社会，没有理由淘汰一位优秀却恰好矮小的应聘者。限制身高的社会收益不会比宽容身高的社会收益更高，对外在形象的偏好可能并不会使用人单位更富竞争力，反而会错失最佳的人选。用人单位对员工的甄选主要应当指向后天的禀赋，即通过自身努力所能控制的资源，如学历、社会经验、人脉资源等，而对于身高、血型、性别等先天禀赋的歧视则有违公平正义。在人人拥有"出彩中国梦"的当今，法官有必要谨慎解释法律、能动适用法律，以裁判为指针，引导当事人与公众更理性地评估一些我们曾以为不可或缺、不可撼动的事物。

第三章 劳动合同订立、履行中的风险及防范

第一节 不及时签订书面劳动合同的风险及防范

《劳动法》第十六条规定，劳动合同是劳动者与用人单位确立劳动关系、明确双方权利和义务的协议。建立劳动关系应当订立劳动合同。《劳动合同法》实施后，用人单位不按照法定形式在法定时间签订书面劳动合同的，不仅不会规避法律的规定，反而会增加用工成本。

一、不及时签订书面劳动合同的风险点

（一）支付双倍工资的风险

《劳动合同法》第82条规定，用人单位自用工之日起超过一个月不满一年未与劳动者订立书面劳动合同的，应当向劳动者每月支付2倍的工资。用人单位违反本法规定不与劳动者订立无固定期限劳动合同的，自应当订立无固定期限劳动合同之日起向劳动者每月支付2倍的工资。

（二）签订无固定期限劳动合同的风险

《劳动合同法》第14条第3款规定，用人单位自用工之日起满一年不与劳动者订立书面劳动合同的，视为用人单位与劳动者已订立无固定期限劳动合同。

《劳动合同法实施条例》第7条进一步规定，当出现上述情形时，用人单位应立即与劳动者补订书面劳动合同。

（三）支付经济补偿金的风险

根据《劳动合同法实施条款》第5条、第6条的规定，当出现劳动者拒签合同的情形，用人单位有权终止劳动关系。自用工之日起一个月内因劳动者拒签合同而终止劳动关系的，用人单位不需支付经济补偿；但超过一个月不满一年因劳动者拒签合同而终止劳动关系的，用人单位须支付经济补偿。

二、风险防范措施

（1）用人单位要建立先签合同后用工的良好习惯，最迟应在用工之日起一个月内签订劳动合同。

（2）原有劳动合同到期后，双方有意向续订的，也应在一个月内签订劳动合同。

（3）若有员工故意不配合签订劳动合同的，企业应通过快递、短信或电话录音等有据可查的方式将签订劳动合同通知送达给劳动者，并保留相关证据。在此情况下，非企业原因不签订劳动合同，企业就不用承担不良的法律后果了。

（4）自用工之日起一个月内，经用人单位书面通知后，劳动者还是不与用人单位订立书面劳动合同的，用人单位应当果断通知劳动者终止劳动关系，只需支付工资无须支付经济补偿。但用人单位在工作中应当注意保存通知的证据。

（5）建立职工签订合同的时间档案备查。用人单位职工的劳动合同到期时间总是会有不统一的情况，为了防止在劳动合同到期后没有及时签订合同而使用人单位承担双倍工资的损失，用人单位可以建立员工名册的同时建立劳动合同到期的提醒功能，以免出现劳动合同续签不及时的情况。

三、相关案例

【案例 3-1　劳动合同虽补签，双倍工资仍应支付[①]】

【案情介绍】

张某于 2007 年 8 月 1 日进入某外资企业管理咨询（上海）有限公司工作，担任咨询顾问，月薪为 8500 元，但公司并没有与公司签订书面劳动合同。张某对自己的职位与薪水还比较满意，因此对于公司不与自己签订书面劳动合同也就没有多说什么。可是到了 2009 年 1 月初，公司突然降低了张某的工资。对于公司单方面降薪的举措，张某没有同意。最终公司与张某协商解除了劳动关系，由公司支付张某两个月的工资作为经济补偿。但在办理工资结算时，公司要求张某补签一份劳动合同，劳动合同的期限为 2007 年 8 月 1 日至 2009 年 1 月 31 日。为了能顺利地办清退工手续并拿到经济补偿金，张某只好答应公司的要求补签了合同，不过张某还是留了个心眼，她特别注明了劳动合同补签的时间为 2009 年 1 月 31 日。

张某觉得公司虽然事后与自己补签了劳动合同，但是公司还是应该支付自己的双倍工资。于是张某又向公司提出了双倍工资的要求，但公司认为张某的要求不合理，因而没有多加理会。在协商未果后，张某委托律师向单位所在地的劳动仲裁委员会申请了劳动仲裁，要求公司支付自 2008 年 2 月 1 日至 2009 年 1 月 30 日期间未签订劳动合同的双倍工资的差额。

[①] 资料来源：上海劳动法律顾问网，www.shldgw.com，本案刊登在 2010 年 1 月 23 日《劳动报》劳权周刊，承办律师：上海君拓律师事务所李军律师、钱剑娥律师。

庭审中，公司认为自己与张某已经补签了劳动合同，也就不存在再支付双倍工资的问题，更何况张某是2007年8月1日就进入了公司工作的，自2007年8月1日开始公司就与其形成了事实的劳动关系，当时法律并没有规定没有签订劳动合同就得支付双倍工资。劳动仲裁委员会经过审理后依法作出了支持了张某的申诉请求的裁决。公司不服，又向法院提起了诉讼，后又上诉至中级法院。该案现已经一审与二审程序，最终二审法院作出了支持张某的请求的终审判决。

【案例分析】

本案是《劳动合同法》实施后出现的一个新型典型劳动争议案例。争议源于用人单位用工却没有及时与劳动者签订书面劳动合同，最终不得不支付双倍工资的法律责任。随着《劳动合同法》的实施，用人单位与劳动者之间劳动合同的签订率也提升了很多，但是还有许多用人单位由于对劳动用工方面的法律知识的了解不够完善或欠缺，最终不得不为违法用工付出成本。通过对本案的分析，希望能对用人单位规范用工及防范法律风险能有所帮助。

本案的争议焦点是事后补签了劳动合同是否还需要支付双倍工资的问题。张某认为自己2007年8月就进入公司工作，公司一直没有和自己签订过书面劳动合同，到后来公司又因经济效益不好为由解除了自己的劳动关系，虽然在最后解除的时候公司与自己补签了劳动合同，但是并不能免除其支付在没有签订劳动合同期间的双倍工资差额的义务。

而公司却认为《劳动合同法》只规定了没有签订劳动合同的话需要承担支付双倍工资，自己虽然在张某进入公司的时候没有与其签订书面劳动合同，但是给予张某的工作岗位及薪酬都还不错，也不存在故意不签订合同的恶意，更何况在事后也补签了合同，既然合同都补签了，也就不需要再支付双倍工资了。

那么，公司在事后补签了劳动合同到底还需不需要支付双倍工资呢？

《劳动合同法实施条例》第6条的规定：用人单位自用工之日起超过一个月不满一年未与劳动者订立书面劳动合同的，应当依照《劳动合同法》第82条的规定向劳动者每月支付两倍的工资，并与劳动者补订书面劳动合同。根据该条规定可以得知，如果用人单位没有及时与劳动者签订劳动合同的话，不仅要及时与劳动者补签劳动合同，同时并不能免除支付未签订劳动合同期间双倍工资的义务。也就是说，本案中的公司虽然最终在与张某协商解除劳动合同的时候补签了劳动合同，但此时亡羊补牢，为时已晚，他还是免除不了支付双倍工资的法律责任。

张某通过法律途径最终拿到了未签订劳动合同期间的双倍工资差额，该案也已经结案。但该案对用人单位来说应该颇有警示意义。在这里要提醒一下用人单位，签订劳动合同应及时，要求劳动者签订劳动合同应给予书面通知，并且最好规定签订的具体的时间与地点；万一造成未签劳动合同，应及时处理，不能陷入以为合同补签了就不需要支付双倍工资的误区。总之，用人单位应该加强自身劳动用工方面的法律知识的学习，必要的时候最好请专业的劳动法律顾问把关，尽量降低用工成本与防范法律风险。

【案例3-2 劳动者以未签合同为由主张双倍工资，法院：用人单位已尽订立劳动合同之诚实磋商义务[①]】

【案情介绍】

陈某于2012年7月2日进入被告上海某医药公司从事抛光操作工工作，上任初期由于工作繁忙，并未抽出空隙与公司签订合同。2012年7月25日，人事部门向陈某发出了书面通知书，要求他于一周内来签订劳动合同，收回的通知书《签收回执》上有落款为"陈某"的签名。

陈某在该公司最后工作至2013年3月26日，并于2013年4月9日向劳动人事争议仲裁委员会申请仲裁，要求医药公司支付2012年8月1日至2013年3月27日期间未订立劳动合同双倍工资差额37916元，劳动仲裁委员会未支持陈某要求。后陈某起诉至法院。

庭审中，陈某诉称与公司之间未订立过劳动合同，《签收回执》上的签字不是原告本人所签。而被告公司则认为签字的是陈某，公司已尽了订立劳动合同之诚实磋商义务。经上海市防伪技术产品测评中心司法鉴定所对签名字迹进行笔迹鉴定后，确认签名字迹是原告本人所写。法院作出一审判决，驳回了原告陈某的诉讼请求。

【案例分析】

根据法律规定，用人单位自用工之日起超过1个月不满1年未与劳动者订立书面劳动合同的，应当向劳动者每月支付双倍的工资。该规定系惩罚性规定，是对用人单位为恶意侵害劳动者合法权益，故意不与劳动者订立劳动合同的违法行为的严厉惩罚措施。用人单位超过1个月未与劳动者订立书面合同的，是否需要支付劳动者双倍工资，应当考虑用人单位是否履行了诚实磋商的义务以及是否存在劳动者拒签的情况。如用人单位已尽到诚信义务，不应承担向劳动者支付双倍工资的义务。本案中，被告已尽订立劳动合同之诚实磋商义务，无不签订书面劳动合同的主观恶意，双方未能签订劳动合同的责任在原告。

上海市高级人民法院《关于适用〈劳动合同法〉若干问题的意见》的通知第2条规定，劳动合同的订立和履行，应当遵循诚实信用原则。劳动者已经实际为用人单位工作，用人单位超过一个月未与劳动者订立书面合同的，是否需要双倍支付劳动者的工资，应当考虑用人单位是否履行诚实磋商的义务以及是否存在劳动者拒绝订立等情况。如果用人单位已尽到诚信义务，而因不可抗力、意外情况或者劳动者拒绝签订等用人单位以外的原因，造成未订立书面劳动合同的，不属于《中华人民共和国劳动合同法实施条例》（以下简称《实施条例》）第6条所称的用人单位"未与劳动者订立书面劳动合同"的情况。

[①] 资料来源：上海法院网，2014年3月19日。

【案例3-3 因职工拒签空白劳动合同而终止其劳动关系违法[①]】

【案情介绍】

雷某自2003年起在L公司工作，该公司曾于2008年8月、2014年5月发公告要求雷某等人在规定的时间内与公司签订劳动合同，雷某因见公司提供的格式合同在工作期限、内容、时间、报酬等内容处均为空白而拒签。2014年6月13日，L公司以雷某拒不签订书面劳动合同为由与其解除劳动关系。雷某诉请L公司支付违法解除劳动合同的赔偿金。

一种观点认为，L公司是按《劳动合同法实施条例》第5条、第6条的规定合法解除，不应支付赔偿金。

另一种观点认为，L公司解除与雷某的劳动关系是其曲解法律规定、滥用优势地位的违法解除，应支付赔偿金。

【案例分析】

我们赞同第二种观点，理由如下：

1. 劳动合同内容明确具体是用人单位的义务内容

《劳动合同法》第17条明确规定劳动合同至少须具备劳动合同期限、报酬、社会保险等9项内容，对于内容约定不具体或没有约定发生争议的，该法第18条规定可以由劳动者与用人单位重新协商，协商不成的适用集体合同规定；没有集体合同或者集体合同未规定劳动报酬的，实行同工同酬；没有集体合同或者集体合同未规定劳动条件等标准的，适用国家有关规定。用人单位是岗位的提供者，而实践中书面劳动合同也由用人单位提供，劳动合同内容明确具体是用人单位当然的义务。本案中，L公司虽两次通知雷某签订书面劳动合同，但两次提供的格式合同关键内容均为空白，其行为显然违反了劳动合同法的相关规定。

2. 法律禁止用人单位基于优势地位享有劳动关系任意解除权

基于劳动者与用人单位地位事实上的非平等性，劳动合同法除要求用人单位需与劳动者签订内容具体明确的书面劳动合同外，还明确限制用人单位劳动关系解除权。如《劳动合同法》第39条、第40条、第41条、第43条规定了用人单位解除劳动合同和裁员的条件与程序，除存在第39条规定的六种情形之一，用人单位可以直接解除劳动合同，而没有要求须提前通知和补偿外，用人单位以其他事由解除劳动关系均需要有理有据，按程序进行，并支付补偿金。本案中，雷某工作期间未主动解除劳动关系，且无证据证明L公司终止劳动关系条件成就，L公司并不具有劳动合同法上的劳动关系主动解除权。

3. 劳动者拒签空白劳动合同是合理的自救行为

用人单位"不签合同，可以解除"的自信来源于《劳动合同法》实施条例第5条和第6条的规定，因该条例第5条有劳动者不与用人单位订立书面劳动合同的，用人单位应当书面通知劳动者终止劳动关系，无须向劳动者支付经济补偿、第6条第一

[①] 杨军：《因职工拒签空白劳动合同而终止其劳动关系违法》，载《人民法院报》，2015年11月19日。

款有用人单位自用工之日起超过1个月不满1年未与劳动者订立书面劳动合同的，应当与劳动者补订书面劳动合同；劳动者不与用人单位订立书面劳动合同的，用人单位应当书面通知劳动者终止劳动关系的表述。从字面理解，貌似用人单位可以以劳动者拒签劳动合同为由解除劳动关系，事实上是以断章取义的方式曲解法律。两条法规均设置了适用的时间条件和程序要求，其中第5条为自用工之日起一个月内，经用人单位书面通知后，第6条为用人单位自用工之日起超过一个月不满一年未与劳动者订立书面劳动合同的。而关键一点是"书面劳动合同"并非单指以书面为载体的劳动合同，而是具备《劳动合同法》第17条规定内容的应然状态下的书面劳动合同；对于空白劳动合同这种未严格遵守法律管理性规定的劳动合同，相关内容属于约定不明或没有约定，不是立法所指的合同，应当排除适用《劳动合同法》实施条例第5、第6条规定。劳动者对这种合同的拒绝，是对用人单位在先义务违反的不满，是一种合理限度的自救行为，产生的后果仅是未签订书面劳动合同，仍旧得在可适用规则下维持劳动关系保持权利义务的平衡，这也符合民事活动信用与公平原则。用人单位如果借此解除合同，无疑是滥用优势地位侵害劳动者合法权益。本案中，雷某与L公司已形成了无固定期限劳动合同关系，L公司滥用岗位掌控的优势地位，以曲解法律规定为依据对雷某进行"除名"，违反了劳动合同法的规定，依法应当承担违法解除劳动合同的法律责任。

第二节　劳动合同效力的风险及防范

一、劳动合同的生效要件

《劳动合同法》第16条规定，劳动合同由用人单位与劳动者协商一致，并经用人单位与劳动者在劳动合同文本上签字或者盖章生效。劳动合同文本由用人单位和劳动者各执一份。所以，劳动合同生效的要件一般包括：

1. 劳动合同主体合格

劳动者和用人单位是劳动合同主体的双方，劳动者必须具备劳动能力和在法定就业年龄之内，而用人单位则必须是依法成立的企业、事业单位和其他组织。

2. 劳动合同内容合法

劳动合同必须完全具备法定必备条款且内容合法，不能违背法律的规定。劳动合同的内容，包括合同期限、工作内容、劳动报酬、终止条件等均不得违反国家的强制性标准，不得利用优势而设定违反法律或损害一方的约定，如约定不交社保、加班没有加班工资等。

3. 劳动合同的签订是双方当事人意思的真实表示

劳动合同双方在订立合同时必须平等自愿、协商一致，意思表示都出于本人自愿且与本人内在意志相符，不存在由欺诈、胁迫、乘人之危等而导致的意思表示不真实。

二、劳动合同无效的情形

根据《劳动合同法》第26条的规定，下列情形劳动合同无效或者部分无效：

（1）违背当事人一方真实意愿签订的劳动合同。当事人受欺诈、胁迫的手段或者乘人之危，或用其他方式使对方在违背真实意思的情况下签订的劳动合同无效。

（2）用人单位免除自己的法定责任、排除劳动者权利的劳动合同。用人单位与劳动者自行约定免除用人单位缴纳社保的条款、工伤自负、工作期间不得结婚和生育等内容因违法所以在法律上是无效的。

（3）违反法律、行政法规强制性规定的劳动合同。

三、劳动合同无效的后果及防范

无效的劳动合同会给用人单位带来的不良后果：

（1）劳动者工资的支付。《劳动合同法》第28条规定：劳动合同被确认无效，劳动者已付出劳动的，用人单位应当向劳动者支付劳动报酬。劳动报酬的数额，参照本单位相同或者相近或者相近岗位劳动者的劳动报酬确定。

（2）劳动者损失的赔偿。《劳动者合同》第86条规定，劳动合同依照本法第20条规定被确认无效，给对方造成损害的，有过错的一方应承担赔偿责任。

（3）劳动合同部分无效，不影响其他条款的效力。《劳动合同法》第27条规定：劳动合同部分无效，不影响其他部分效力的，其他部分仍然有效。

四、相关案例

【案例3-4　受胁迫签订的劳动合同无效[①]】

【案情介绍】

2012年2月，陈某等6名青年农民工应聘到一机械厂工作。经过3个月的培训和实习，陈某等普遍感觉该企业管理混乱、劳动卫生条件较差。因而当企业提出签订劳动合同时，他们明确表示不订立劳动合同，要离开该厂。然而厂方却坚决不同意，理由是他们已经过技术培训，急需充实生产第一线。双方为此争执不下。该厂负责人向陈某等6人声明：如果要离开本厂，厂方将不发还他们的毕业证、身份证，同时每人补偿企业培训费5000元。无奈之下，陈某等6人被迫同厂方签订了劳动合同。3个月后，陈某等6人集体跳槽到另一家私营企业工作。机械厂代表找到后要求他们回厂上班，并表示如果想解除合同，每人需支付机械厂损失费1.5万元。陈某等6人对此予以拒绝，并向劳动争议仲裁委员会申请仲裁。仲裁委员会受理申请后认为，被申请人采取扣压申请人毕业证、身份证及要求支付培训费等手段，迫使申请人在违背自己真

[①] 王晓芹，张兆利：《受胁迫签订的劳动合同无效》，载《湖南农业》2013年，第11期。

实意愿的情况下与被申请人订立了劳动合同，违反了有关法律规定，依法裁决该劳动合同为无效合同，被申请人依法向每名申请人赔偿损失3000元。

【案例分析】

这是一起采用威胁手段强迫订立劳动合同而导致合同无效的案件。我国《劳动合同法》规定：以欺诈、胁迫的手段或者乘人之危，使对方在违背真实意思的情况下订立或者变更劳动合同的，劳动合同无效或者部分无效。从上述法律规定可以看出，用人单位与劳动者之间订立的劳动合同要符合法律的规定；合同的内容要反映出合同当事人的真实意思，即行为人的意思表示要与其内心意思相一致；行为人的意思表示是行为人自愿作出的，不是在受到他人威胁、欺诈等情况下作出的；违背当事人的真实意思的劳动合同不具有法律约束力，不受法律的保护。同时，我国《劳动合同法》规定：用人单位招用劳动者，不得扣押劳动者的居民身份证或者其他证件。本案中，机械厂采取扣押毕业证、身份证等手段强行与劳动者订立劳动合同，这样的行为是违法的，因而也是无效的。

【案例3-5　排除劳动者权利的劳动合同条款无效①】

【案情介绍】

周女士2009年进入某公司从事会计一职。2014年5月，周女士与公司签订的劳动合同快要到期，公司人事部通知周女士不再续订。无奈的周女士只好要求公司支付相应的经济补偿金。公司却拿出周女士入职时签订的劳动合同，表示劳动合同中明确约定"公司有权决定是否续用员工；不再续用的，公司无须向员工支付任何经济补偿"，因此周女士要求经济补偿金不符合合同约定。周女士不服，遂提起劳动仲裁，要求公司支付五个月的经济补偿金，当地劳动人事争议仲裁委立案审理后，支持了周女士的请求。

【案例分析】

根据《劳动合同法》规定，用人单位因劳动合同期满不愿续订导致劳动合同终止的，应当向劳动者支付经济补偿金。同时，《劳动合同法》第26条还规定，以下劳动合同无效或者部分无效：以欺诈、胁迫手段或者乘人之危，使对方在违背真实意思的情况下订立或者变更劳动合同的；用人单位免除自己法定责任、排除劳动者权利的；违反法律、行政法规强制性规定的。无效的劳动合同或合同条款不能作为约束用人单位和劳动者双方的合同依据。本案中，公司在劳动合同条款中排除劳动者享有经济补偿的权利，明显是在规避自身的法定责任，该合同条款依法不应对劳动者产生约束力。因此，周女士的仲裁请求得到了劳动人事争议仲裁委的支持。

【风险提示】

劳动合同虽是用人单位和劳动者协商一致签订，但其内容应该符合法律规定。凡排除劳动者权利、免除用人单位法定责任的内容对劳动者没有约束力。用人单位在订立劳动合同时规避自身责任的做法不可取，只有从劳资双方角度出发，依法约定合同条款，才能保持劳动关系和谐稳定。

---

① 资料来源：芜湖新闻网，2016年4月14日。

第三节 试用期管理的风险及防范

试用期是指用人单位对新招收的职工根据录用条件进行考察的时间期限。《劳动法合同法》规定，劳动合同可以约定试用期。在劳动合同中约定试用期，可以维护用人单位的利益，给企业考察劳动者是否与录用要求相一致从而避免用人单位遭受不必要的损失。但是实际用工过程中，不少用人单位在试用期管理方面存在诸多的错误之处，从而给企业用工带来法律风险。

一、企业在试用期中的常见错误行为

1. 超期约定试用期

按照用人单位的意志超过法定标准设立员工试用期是常见的行为之一。《劳动合同法》第 19 条对试用期的期限做了明确规定，用人单位应严格遵循，不得超期约定试用期。根据该法第 83 条的规定，用人单位违反本法规定与劳动者约定试用期的，由劳动行政部门责令改正；违法约定的试用期已经履行的，由用人单位以劳动者试用期满月工资为标准，按已经履行的超过法定试用期的期间向劳动者支付赔偿金。

2. 重复约定试用期，随意延长试用期

在续签合同或调岗时再次设定试用期也是常见的一种错误行为。《劳动合同法》第 19 条第二款规定，同一用人单位与同一劳动者只能约定一次试用期。重复试用、随意延长、续签时再次约定试用期均属于违法约定试用期，同样面临每月支付"双倍工资"的法律后果。

3. 单独约定试用期

为了考察新员工，单独签订试用期合同也是单位的一种错误方法。《劳动合同法》第 19 条第四款规定，试用期包含在劳动合同期限内。劳动合同仅约定试用期的，试用期不成立，该期限为劳动合同期限。

4. 试用期内不缴纳社保

试用期可以不参加社会保险是用人单位省钱的一种方式，但是万一试用期发生工伤事故，或者员工患重大疾病，依法应当由单位全额承担，这下单位可就要买大单了。另外，人身伤害商业保险并不能免除用人单位的工伤责任。

5. 在试用期随意解雇员工

很多单位都认为，试用期内企业可以随时解雇员工。这是一个错误的认识，《劳动合同法》第 39 条规定，用人单位在试用期内证明员工不符合录用条件的才可以解除劳动合同，必须满足三个条件缺一不可：

（1）在试用期内；
（2）双方约定有录用条件；
（3）员工经考核不符合录用条件。

6. 试用期工资低于法定标准

根据法律规定，劳动者在试用期的工资不得低于本单位相同岗位最低档工资的80%或者不得低于劳动合同约定工资的80%，并不得低于用人单位所在地的最低工资标准。

二、相关案例

【案例3-6 试用期解约，别拿招聘条件说事①】

【案情介绍】

汪某系2007年毕业于上海某重点高校信息技术应用专业，获工学学士和英语专业双学士学位，在校期间，他还通过了英语六级考试，并获上海市紧缺人才培训工程英语高级口译岗位资格证书。汪某还在2007年世界夏季特殊奥林匹克运动会筹备和开幕式场务部任美方翻译。

2007年12月15日，上海某信息技术有限公司通过上海西南片区五校"名校名企优才"联合招聘会进行招聘，并确定了招聘条件，经过面试和笔试等程序确定录用汪某，并向其发出录用信，明确具体职位为翻译，报到时间为2007年12月24日。报到当天，公司和汪某签订有学校见证的三方就业协议，明确汪某的年收入为60000元，双方同时签订了为期3年的劳动合同，约定试用期为4个月。

但汪某刚刚工作了1个多月后，就被公司辞退。公司在2008年2月2日出具的《辞退员工通知书》中写明了辞退汪某的理由："由于在试用期内不能胜任工作，同时部门内及项目组对其的整体反应均较差，团队合作精神缺乏，因此公司认为汪某不符合录用条件，决定即日解除劳动关系。"汪某认为公司系违法解除合同，委托律师向劳动争议仲裁委员会提起仲裁，要求公司撤销解除劳动关系的决定，恢复劳动关系，并支付非法解除劳动合同期间的工资报酬。

仲裁委受理此案后，经过开庭审理，最终支持了汪某的全部请求事项。

【案例分析】

这是一起典型的用人单位与大学应届毕业生解除劳动合同的争议案件。该争议涉及录用条件、试用期考核、试用期解除等几个法律关系，希望通过对本案的分析，能够对用人单位规范应届大学毕业生用工行为有所帮助。

1. 招聘条件不能替代录用条件，用人单位不得以不符合招聘条件为由解除劳动合同。招聘条件是用人单位在招聘时选择劳动者基本的资格要求，甚至是进行第一次简历筛选的基本门槛，是针对不特定的应聘人员设定的，属于要约邀请，只是招聘期间考察和筛选应聘者的依据。录用条件则是用人单位确定所要聘用的劳动者的最终条件，属于要约，一旦与劳动者达成一致，则成为试用期内进行考核的依据。招聘条件和录用条件是有明确区别的，两者有重合的部分，但并不是一回事。

---

① 资料来源：2008年9月20日《劳动报》劳权周刊，承办律师：君拓律师事务所李华平律师。

根据《劳动合同法》第39条之规定，劳动者在试用期内被证明不符合录用条件的，用人单位可以解除劳动合同。本案中，公司只有招聘条件，并没有提供有录用条件的证据。没有录用条件，则不存在不符合录用条件之说。因此，公司不得以招聘条件替代录用条件而解除与汪某的劳动合同。

2. 以不能胜任工作为由解除试用期员工劳动合同，于法无据。试用期是用人单位和劳动者相互了解、相互考察的期限。汪某处于试用期内，用人单位应当对照录用条件进行考核是否符合条件，而不是认定是否胜任工作。公司在《辞退员工通知书》以试用期内不胜任工作为由解除劳动合同，不符合《劳动合同法》第40条的规定，是没有法律依据的。即使是试用期满的员工，如果用人单位要以不能胜任工作为由解除劳动合同，还需要经过调岗或培训后仍不能胜任工作等层层举证，并履行提前通知或额外支付代通金的义务。

3. 用人单位违法解除劳动合同，劳动者可以要求恢复劳动关系或者主张赔偿金。《劳动合同法》第48条规定，用人单位违反本法规定解除或终止劳动合同，劳动者要求继续履行劳动合同的，用人单位应当继续履行；劳动者不要求继续履行劳动合同或者劳动合同已经不能继续履行的，用人单位应当依照本《劳动合同法》第87条规定支付赔偿金。公司违法解除与汪某的劳动合同，汪某有权选择要求恢复劳动关系或主张赔偿金。因此，汪某主张恢复劳动关系，要求公司支付劳动关系恢复期间的工资的申诉请求是符合法律规定的，也正因如此，劳动争议仲裁委员会支持了汪某的全部申诉请求。

对于用人单位来说，应高度重视规范用工，依法行使解除权，否则单位的违法用工成本将居高不下。抛却法律问题，我们再来看看本案中用人单位的不足。汪某系大学毕业参加工作的职场新人，其在校期间获得双学位，并担任世界夏季特殊奥林匹克运动会志愿者的学习经历和实践来看，应该说是成绩优秀的毕业生。大学毕业生踏入社会、走上工作岗位，角色转化需要一个过渡期和适应期。公司应当对其录用的社会新人进行上岗前进行必要的培训，给予团队协作、责任心、心理素质等教育，特别是在试用期内应从爱护和关心青年人才成长的角度出发，在工作上多加关心和指导，帮助其及早适应工作环境和工作要求，渡过角色转换期。本案中，汪某在工作1个月后即被公司辞退，显然公司并没有履行帮助指导义务，因此公司"部门内及项目组对其的整体反应均较差，团队合作精神缺乏"的说法难以被仲裁委员会所支持。

【案例3-7 这样的解除违法】

【案情介绍】

安某是2005年12月8日进入一家德资化学品公司，从事销售经理助理工作。该公司与其签订一年的劳动合同并约定2005年12月8日至2006年3月7日期间为试用期，工资每月6500元。试用期顺利结束了，但2006年3月11日因工作上的一些琐事安某与另一员工在食堂里发生争执，之后该员工多次向安某的上司告状。为表明自己已经悔过，安某向上司发邮件表示认错并向公司表示歉意。但没想到一个月后公司的人事主管来找安某，表明公司要对安某重新试用，还发了一份《试用结果通知书》，内容为：通过综合评审你在试用期内的工作表现未能符合公司的要求，公司决定将你的试用期延长2个月至2006年5月8日。虽然安某口头提出她已是正式员工，公司这种做法不对，但她还是迫于压力签收了。此后，安某在工作中处处小心，但仍然在4月25日收到了公司发出的《试用期解除通知书》，公司以安某在试用期内犯了计算货品错误、没有按规定的程序填请假单为由决定于4月25日在试用期内解除劳动合同。接到通知后安某认为单位是违法解除，要求单位至少给予1个月工资作为补偿，但公司方拒绝了。安某在本所律师的帮助下向仲裁提出要求恢复劳动关系，并每月按6500元支付从2006年4月26日至恢复劳动关系期间的工资损失。现仲裁裁决全部支持了安某的诉请。

【案例分析】

本案中的用人单位对试用期的设定及解除的法律概念不清晰，才导致了最终的败诉，这也是不少企业经常犯的错误。现笔者简要分析如下，希望对用人单位正确理解和运用试用期有所帮助。

1. 试用期的最长期限属法律的强制性规定

劳动合同试用期是指用人单位和劳动者为相互了解、选择而约定的不超过6个月的考察期。它是合同的约定条款之一，应包括在劳动合同期限内。一般对初次就业或续签合同时改变工作岗位或工种的职工可以约定。按照《上海市劳动合同条例》第13条规定，满1年不满3年的，试用期不得超过3个月；这是劳动法的强制性规定，违反强制规定的约定或通知均属无效。本案中双方的劳动合同期限为1年，试用期为3个月，安某的试用期在2006年3月7日已结束，在试用期结束后单位仍然留用安某，因此，3月8日起安某就已是单位正式员工了。故单位解除劳动合同的前提条件即在试用期内根本就不存在，而公司于2006年4月6日以决定方式发放给安某的"试用结果通知书"也是无效的行为。因为，双方的试用期早在一个月前就已结束并且不存在延长。

2. "被证明不符合录用条件"是用人单位在试用期解除劳动关系的法律依据

根据《劳动法》第25条的规定在试用期被证明不符合录用条件的用人单位可以解除劳动合同。因此，单位要在试用期解除员工首先要证明与员工有明确的录用条件，并且要证明员工经考核被证实不符合录用条件，方可解除劳动合同。而本案中用人单位在解除通知中仅陈述了劳动者存在个别工作失误而始终无法证明与员工约定有明确录用条件并更无法证明员工经过考核不符合录用条件。因此，用人单位在解除通知中的理由不符合法律规定。

3. 用人单位对于解除劳动关系的争议负举证责任

根据2001年《最高人民法院关于审理劳动争议案件适用法律若干问题解释》的第13条规定，因用人单位作出的开除、除名、辞退、解除劳动合同、减少劳动报酬、计算劳动者工作年限等决定而发生的劳动争议，用人单位负举证责任。因此，本案中用人单位对其解除行为的合法性负有举证责任，如单位举证不到位则承担败诉的责任。

> 对于这点也是笔者想要重点提示用人单位,务必先了解法律对于各种解除劳动合同权的规定,并在掌握了相关解除的证据后方可单方解除劳动者。本案审理中单位在对录用条件无法举证后就提出安某不能胜任工作,并且又严重违反劳动纪律或规章制度才导致解除的,但这些理由显然与解除合同通知的内容不符,也与法律相抵触。因为,不能胜任工作的解除必先经过培训或调岗才可解除。违纪解除则需要有双方认可的公司制度才有效。当然,解除理由还必须是解除时告知的理由否则员工主张权利时就无所侍从了。

第四节 服务期中的法律风险防范

一、服务期的成立条件

《劳动合同法》第22条规定,用人单位为劳动者提供专项培训费用,对其进行专业技术培训的,可以与该劳动者订立协议,约定服务期。据此,服务期的成立应符合以下条件:

1. 用人单位与劳动者存在劳动关系

服务期协议是用人单位与劳动者之间的约定,所以两者之间具有合法的劳动关系是双方签订服务期协议的前提条件。

2. 用人单位为劳动者专业技术培训提供了实际的出资

劳动者与用人单位可以签署服务期协议的第二个前提条件是用人单位为劳动者提供专项培训实际支付了培训费用。

3. 用人单位与劳动者就专项培训及服务期限、违约金签署了协议

虽劳动者与用人单位具备劳动合同关系也为其提供专项培训费用,但服务期的产生是双方约定的结果,因此,如果用人单位忘记与劳动者就服务期的履行达成协议那么对劳动者最终还是没有约束力的。

二、劳动者承担违约责任的注意点及预防

《劳动合同法》对劳动者违反服务期的约定做出了规定,用人单位应注意以下四点:

(1) 违约金有上限,即用人单位不得主张违约金的数额超过其所出资培训费用的总额;

(2) 双方必须签约培训服务期协议;

(3) 保存提供专项培训的支付凭证,根据实际发生的费用才能确定违约金。如果是送劳动者去国外培训,还应当签署培训费用确认书。因为国外的培训费用票据不能直

接作为证据使用，在发生诉讼争议时需要经过和公证认证才能使用，综合成本巨大。

（4）违约金应当按照劳动者实际履行时间按比例递减；

违约金=（培训费用÷服务期期间）×（服务期签订期间-服务期已履行期间）

三、相关案例

【案例3-8　服务期内辞职该如何支付违约金[①]】

【案情介绍】

1997年10月，李先生应聘到上海某有限公司（以下简称"公司"），担任工程师，月工资为9000元，合同期限至2007年12月31日。工作期间，李先生对公司指派的工作完成得非常出色，屡屡得到主管领导的赏识和嘉奖。

2003年5月，公司和李先生签订了《出国培训协议书》，约定由公司派送李先生至德国培训，培训结束后继续为公司服务3年，若李先生在服务期内提出辞职、或擅自离职、或因李先生的过错导致双方劳动合同解除的，需向公司支付3万元的违约金，同时还应赔偿公司支付的培训费用，培训费用的赔偿按照服务期做相应的递减。同年7月至8月，公司派送李先生至德国某公司接受培训，公司为李先生报销各项出国费用3万多元。

2006年4月，公司和李先生又签订了《出国培训协议书》，并做出上述相同内容的约定。同时约定，前次约定的服务期履行完毕后，开始计算后一次的3年服务期。同年6月至7月，公司派送李先生前往德国某公司进行培训。公司为李先生报销各项出国费用4万多元。

此次培训回国后，李先生慢慢开始觉得自己的才华不能发挥得淋漓尽致，为了寻求更广的发展空间，2007年6月，李先生向公司提交了书面辞职申请书。同年7月，双方签订了工作交接协议，约定李先生完成四项工作交接任务后，公司同意减免李先生部分离职违约金和赔偿金，实际赔偿3万元。同日，李先生和公司签订了有关赔偿协议，约定李先生应向公司赔偿3万元，款项应在2007年7月底之前交清。李先生随后离职。

离职后，李先生左思右想觉得不妥，又听说新出台的《劳动合同发》规定他认为公司向其收取3万元的违约金做法不符合法律规定，于是向公司所在地的仲裁委员会申请了劳动仲裁，要求公司返还其已经支付的3万元赔偿金，对于李先生的申诉请求，仲裁庭没有支持。李先生又向法院提诉，经过审理，法院最终判决对李先生的诉请不予支持。

【案例分析】

现实中，劳动者与用人单位解除劳动合同时，因服务期违约金支付及培训费赔偿问题而引发争议时有发生。不可否认，在违约金、培训费问题上，一些用人单位确实存在

[①] 资料来源：2008年6月24日。《劳动报》，承办律师：上海君拓律师事务所俞敏律师。

一些不够规范和不尽合理的做法。例如，有的单位内部规章制度规定，只要员工提出解除劳动合同、调离原单位，不论单位是否出资培训过，均须缴纳一定数额的培训费；有些用人单位在解除劳动合同时，不顾劳动者在本单位工作时间长短，对其出资培训过的员工一律要求全额赔偿等。这些做法均违反我国劳动法律法规的规定，损害了劳动者的权益。

但具体到本案中来说，公司与员工先后签订了两次出国培训协议，协议中对培训的内容明确约定并约定了培训结束后该员工需要继续为公司服务3年。该员工也如实地接受了公司的出国培训并完成了公司指派的任务。然而该员工没有将约定的服务期履行完毕就主动申请辞职，这显然违反了当时出国培训协议的约定。根据约定，李先生培训结束后应为公司服务6年，但其实际服务不足3年，最终双方协商一致约定其实际支付3万元违约金，这还低于逐年递减后其应该支付的培训费赔偿金。根据当时的法律规定，最终仲裁和法院均未支持李先生的诉请。

李先生之所以坚持申请劳动仲裁，原因在于听说《劳动合同法》规定企业不能收取违约金，且不说当时发生的争议尚不能依照《劳动合同法》来判断，退一步来讲，就算根据今年才实施的《劳动合同法》来判定，公司要求李先生支付3万元的违约金也是合法的。《劳动合同法》规定一般情况下企业不能收取违约金，但对于用人单位为劳动者提供专项培训费用，对其进行专业技术培训的，可以与劳动者订立协议，约定服务期。劳动者违反服务期约定的，应当向用人单位支付违约金。违约金不得超过用人单位提供的培训费用。用人单位要求劳动者支付的违约金不得超过服务期尚未履行部分所应分摊的培训费用。

在许多争议中，双方都会对培训费用的计算确有争议，到底哪些费用可以算作培训费用呢？根据相关的法律及政策法规，对培训费问题应该按照以下原则处理：

第一，由用人单位出资且有支付凭证，是单位要求劳动者赔偿培训费的前提条件。反之，如果用人单位方面没有对劳动者培训出资，则无权要求劳动者赔偿培训费。同时，即使用人单位方面声称已出资，但不能提出相应的支付凭证，则因其缺乏证据，因而也不能要求赔偿。

第二，一般而言，只有劳动者方面在服务期内提出与单位解除劳动关系时，用人单位才可以要求其赔偿违约金。不过，为了防止可能出现的规避赔偿责任，如果劳动者方面因违纪等重大过错而被用人单位解除劳动关系的，用人单位仍有权要求其赔偿有关的培训费用。

【案例3-9 服务期内员工被违法解雇是否要支付违约金[①]】
【案情介绍】

2014年7月1日，龚某与上海某劳务派遣有限公司签订了一份为期2年的《劳动合同》，合同约定将龚某派遣至上海某汽车销售服务有限公司，从事服务顾问工作，

[①] 王余婷：《服务期内员工被违法解雇是否要支付违约金》，载《劳动报》劳权周刊2016年1月5日。

工资由基本工资、奖金及提成等组成。在龚某工作期间，售后服务公司出资给龚某提供了一次专项培训，双方签订了一份《培训与服务期协议》。该协议约定："培训时间从2014年12月17日至同年12月23日，培训费7000元及差旅费等均由售后服务公司承担。培训结束后，龚某需继续为售后服务公司提供2年的服务，若在服务期内，龚某辞职或因个人原因消极怠工而被辞退的，则龚某需按比例偿还课程费用及其他相关费用。"

2015年5月17日，售后服务公司以龚某在接待客户时存有失职行为，且2015年4月份的总体满意度考核排名倒数第一为由将龚某调岗至保安岗位，并将龚某的月工资调整为上海市最低工资标准。龚某对调岗调薪决定表示坚决反对，拒绝到新安排的保安岗位工作，仍在原岗位继续工作。

2015年5月23日，售后服务公司以龚某拒不服从工作安排，属严重违纪为由将龚某退回派遣公司，派遣公司也以相同理由解除了与龚某的劳动合同。同时，售后服务公司要求龚某按照《培训与服务期协议》支付违反服务期协议的违约金5000元，遭到龚某的拒绝。于是，售后服务公司提起劳动仲裁申请，要求龚某支付违约金5000元。龚某认为派遣公司系违法解除劳动合同，无须支付违反服务期协议的违约金，遂在法律规定期限内提起了请求，要求派遣公司支付违法解除劳动合同的赔偿金，且售后服务公司对此应承担连带责任。

本案经过劳动人事争议仲裁、法院一审及二审的审理，最终法院认定派遣公司解除劳动合同的行为违法，需向龚某支付违法解除劳动合同的赔偿金，售后服务公司对此承担连带责任；龚某无须向售后服务公司支付违约金。

【案例分析】

本案主要涉及劳动者拒绝调岗调薪被解除劳动合同的合法性，以及服务期协议违约金支付情形等焦点问题。

（1）用人单位应当对调整劳动者工作岗位和劳动报酬的必要性和合理性负有充分举证责任。用人单位和劳动者在劳动合同中明确约定了工作岗位和劳动报酬等内容，经双方协商一致，可以变更相应内容。根据《劳动合同法》规定，变更劳动合同内容应采用书面形式进行。但是在实践中，并非所有的劳动合同内容都是通过书面形式进行的，有的是以实际履行的方式来体现双方的口头变更意思表示。当用人单位和劳动者未能就协商变更劳动合同内容达成一致的，用人单位能否单方面对劳动者的工作岗位和劳动报酬进行调整呢？一般而言，用人单位具有用工自主权，可以根据自身生产经营情况、劳动者的工作技能、工作经验、身体状况等因素单方面调整劳动者的工作岗位，并按照新的工作岗位支付相应的劳动报酬。但是，为防止用人单位的调岗调薪权利的滥用，司法实践中在举证责任的分配上要求用人单位对调整劳动者工作岗位和劳动报酬的必要性和合理性进行充分举证。如举证不能，则用人单位的调岗调薪违法。

本案中，售后服务公司以龚某在接待客户时存有失职行为、满意度考核排名倒数第一为由，调整其做保安工作，且调整后的薪水是上海市最低工资标准。派遣公司应当对售后服务公司调整龚某工作岗位和劳动报酬的必要性及合理性负举证责任。在诉讼中，法院认定售后服务公司的调岗调薪行为明显违反合理性原则，龚某不服从新岗位安排不属于严重违纪。派遣公司以龚某严重违纪为由解除劳动合同的行为违法，故法院判决派遣公司支付龚某违法解除劳动合同的赔偿金，售后服务公司承担连带赔偿责任。

（2）用人单位违法解除劳动者劳动合同，劳动者不属于违反服务期约定，无须支付违约金。《劳动合同法》第22条规定，用人单位为劳动者提供专项培训费用，对其进行专业技术培训的，可以与劳动者订立协议，约定服务期。在劳务派遣三方法律关系中，由于劳动者是在为用工单位提供劳动，因此提供专项培训费用的是用工单位。虽然从法律条文中没有明确规定用工单位可以和被派遣劳动者约定服务期和违约金，但是从立法本意来讲，用工单位在提供专项培训和约定服务期及违约金方面，享有与用人单位同等的权利和义务。

售后服务公司与龚某签订了《培训与服务期协议》，系双方真实意思的表示，对双方具有约束力。根据《劳动合同法实施条例》第26条之规定，劳动者严重违反用人单位的规章制度，用人单位与劳动者解除约定服务期的劳动合同的，劳动者应当按照劳动合同的约定向用人单位支付违约金。但是在本案中，龚某是被派遣公司违法解除劳动合同的，而不是严重违纪被依法解除的，并不符合售后服务公司与龚某的约定，龚某无须向售后服务公司支付违约金。

【案例3-10 公司能否追偿这样的"培训费"①】

【案情介绍】

小朱2004年大学毕业后应聘进入上海某信息公司工作。8月3日，双方签订了为期4年的劳动合同。合同中有这样一条规定："员工享受公司给予的培训，培训费用为六万元，如员工要求解除劳动合同，应赔偿全部培训费用"。小朱认为自己刚刚毕业，很多东西需要多学习，企业能够提供好的培训条件，自然值得高兴，因此没有多想就在合同上签了字。但是合同签订后很长时间内，公司仅让老员工充当培训老师进行了几次企业岗前培训的讲课，根本没有兑现所说的6万元的技术培训，而且也没有兑现合同里约定的项目承诺。所以小朱经过再三考虑于2005年5月份向公司书面递交了辞职申请。没想到，小朱刚刚辞职就被信息公司告上了劳动仲裁庭——公司向小朱索赔8万元。

小朱觉得自己很冤，他理直气壮地走上仲裁庭为自己辩护，但仲裁结果并不如愿：裁决书没有全部支持公司的申诉请求，但要求小朱支付单位2万元培训费。理由是：在培训期间，公司为小朱支付工资和"四金"共计2万元，因此，小朱应赔偿单位这笔损失。拿到裁决后小朱很无奈，于是聘请律师作为自己的代理人，向法院递交了起诉书。

---

① 俞敏：《公司能否追偿这样的"培训费"》，载《劳动报》2006年4月3日。

在一审过程中,公司表示,小朱自被录取后,一直处在公司安排的带薪培训当中,没有从事过任何物化的劳动,整个培训过程中公司还为小朱提供师资、设备以及工资福利等待遇。小朱的辞职给公司造成了经济损失,依据合同约定,他违约还应赔偿公司培训费6万元,现公司只要求其赔偿其在培训期间公司支付的工资等2万元,是完全正当的。

法院审理后做出判决,支持了原告小朱的诉请,即小朱不用对公司承担任何赔偿责任。

【案例分析】

本案中,公司虽然对小朱进行了一定培训,但是不能提供为该培训所支付的货币凭证等相关证据,因此不能要求小朱赔偿培训费。而且,劳动关系存续期间,企业应该向员工支付工资、缴纳社保费,公司不能将此视为公司培训费的一部分,毕竟小朱是进单位工作而非进学校学习。

本案中,公司所谓学员还是代教老师都只不过是公司自己的区分,在法律上都是企业的员工,而员工工作或在单位接受内部培训更好为公司服务都有权获得工资报酬。因此,被告公司关于培训期间其支付原告小朱的工资和为小朱支付的"四金"应视作为公司支出的培训费用的辩解,缺乏法律依据,法院也不予认可。另外,根据本案实际情况,信息公司与小朱约定的"服务期"也不符合法律规定。最终,法院判决驳回了公司的全部诉讼请求,而支持了小朱的诉请。

在此我们还想明确另外一点,一般来说,服务期协议多数情况下是约束劳动者的,但是这并不是说在企业出资培训了员工或者为员工提供了特殊待遇以后,就可以对服务期的履行不承担任何义务。实际上,服务期从根本上讲也是一种劳动合同期限,在这个期限以内,企业仍然要遵守法律的规定,如果企业存在暴力、威胁或者非法限制人身自由的手段强迫劳动的,或者未按照劳动合同约定支付劳动报酬、提供劳动条件的,劳动者仍然可以随时通知单位解除劳动关系。

【案例3-11 没有支付凭证的培训费难获赔偿[①]】

【案情介绍】

王先生于2007年10月经招聘到中国某银行股份有限公司上海分行(以下简称"上海分行")工作,王先生和上海分行签订了自2007年10月1日至2009年9月30日止的劳动合同,合同约定王先生违反法律规定和合同约定解除合同的,应当赔偿招收录用的费用。入职后不久,也就是在2008年2月,上海分行即安排王先生参加定向培养,双方签订了"定向培养协议书",协议约定王先生参加定向培养计划后,必须服务2年,即2008年2月1日起至2010年1月31日期间,若王先生在第一年内辞职离开的,需要支付定向培养费1万元,第二年内辞职的,应当支付定向培养费5000元。

---

① 资料来源:2009年2月14日《劳动报》劳权周刊,承办律师:上海君拓律师事务所徐智强律师、钱剑娥律师。

2008年5月，上海分行又安排王先生参加中国金融理财师培训，并和王先生签订了一份培训协议书，协议约定王先生经培训后，必须服务3年，培训费为1.8万元。若王先生在服务期内离开的，应支付违约金，违约金的计算方式为培训费/服务期总月数×培训服务期未履行的月数。

2008年8月20日，王先生因为自身发展需要向上海分行提出书面辞职并于9月20日离开单位。上海分行认为王先生违反了合同约定和培训协议约定，于是向单位所在地的劳动仲裁委员会申请了劳动仲裁并提出以下申诉请求：要求王先生支付招聘费用800元；要求王先生支付定向培养费1万元；要求王先生支付中国金融理财师培训费1.8万元。

日前，该案已经审结。仲裁庭经过审理认为，上海分行虽与王先生在劳动合同中约定若王先生违约的话应当赔偿招聘费用，但是该约定违反法律规定，因此不予支持；对于定向培养费1万元，由于定向培养无法界定其培训性质且上海分行不能提供具体的支付凭证，因此也不予支持；对于金融理财师培训费1.8万元虽有明确约定，但是上海分行只能提供1.3万元的支付凭证，因此只能支持上海银行要求王先生支付1.3万元的申诉请求。

【案例分析】

本案中的王先生是否需要向公司支付招聘费用及培训费用，以及培训费用是以约定数额赔偿还是以有凭证的实际支出的数额赔偿。上述争议在现实生活中较为常见，希望我们对本案的分析能帮助大家对此类问题有一个明确的认识。

（1）王先生辞职是否需要承担单位为其支付的招聘费用？涉及招聘费用的争议并不少见，这类争议中，用人单位要求劳动者赔偿招聘费用的依据是原劳动部《违反〈劳动法〉有关劳动合同规定的赔偿办法》第四条，该条规定：劳动者违反规定或劳动合同的约定解除劳动合同，对用人单位造成损失的，劳动者应该赔偿用人单位下列损失：用人单位招收录用其支付的费用；……这里所指的招收录用费用该如何理解呢？一些用人单位在要求劳动者赔偿招收录用费用时常会给出这样的说法：我们为了招人发布了广告，这是出资吧？我们招用时特设了专人接待和面试，这专人要付工资吧？此类说法都是站不住脚的。所谓招收录用费用首先要真金白银地出过钱，其次，他一般不是所有员工都能够享受到的待遇。

本案中，因为单位不能举证证明招聘费用的存在，最终其请求未获仲裁支持。

（2）"定向培养"是否属于专项技术培训的范畴？《劳动合同法》第22条规定：用人单位为劳动者提供专项培训费用，对其进行专业技术培训的，可以与该劳动者订立协议，约定服务期。

劳动者违反服务期约定的，应当按照约定向用人单位支付违约金。违约金的数额不得超过用人单位提供的培训费用。用人单位要求劳动者支付的违约金不得超过服务期尚未履行部分所应分摊的培训费用。

本案中的上海分行和王先生签订的定向培养协议书中明确约定上海分行根据人才培养和业务发展需要，派遣王先生参加公司金融业务客户经理、个人金融业务客户经理、国际业务财资营销经理或电子银行产品经理等岗位的定向培养,若王先生经考核不能达到培养目标的,可以将其转入到其他非定向岗位。也就是说,上海分行对王先生的所谓定向培养其实就是上岗前必要的技能培训,并非《劳动合同法》上规定的专业技术培训。因此上海分行要求王先生赔偿1万元的定向培养费不能得到法律的支持,更何况上海分行也不能对其主张的定向培养费提供任何支付凭证。

(3) 没有支付凭证的培训费能否要求赔偿?《劳动合同法实施条例》第16条规定:劳动合同法第22条第二款规定的培训费用,包括用人单位为了对劳动者进行专业技术培训而支付的有凭证的培训费用、培训期间的差旅费用以及因培训产生的用于该劳动者的其他直接费用。也就是说,用人单位若要劳动者承担培训费用的话必须提供相应的支付凭证。本案中的上海银行虽然和王先生签订了约定服务期限为3年的金融理财师的培训协议约并约定了培训费用为1.8万元,但是上海分行却只能提供1.3万元的支付凭证,因此上海分行只能要求王先生赔偿1.3万元,而对剩下的5000元培训费最终因缺乏支付凭证而得不到仲裁的支持。

【案例3-12 服务期约定的违约金不得高于法定标准[①]】

【案情介绍】

2007年4月,孙先生与上海某管理公司签署了两份《培训协议》,一份明确了孙先生的服务期为5年,另一份约定孙先生接受培训后应履行的义务及违约责任,但并未对完成培训后工作期限超过2年而离职的情形设置违约责任。

2007年6月孙先生正式入职,在职期间同时接受公司出资的2年在职培训,2年后培训结束。孙先生于2011年6月提出辞职申请,公司则在孙先生提出辞职之日起满30日为其办理了离职工作交接,并出具退工证明。

孙先生离职后近一年时,公司突然申请劳动仲裁,要求孙先生支付违约金(返还全部培训费用)。仲裁庭审当日,孙先生缺席,法院在审查证据材料后认为公司方提供的一份电子邮件形式的"辞职信",无法与原件核实,为此仲裁委员会裁决驳回了公司的请求。

公司随后向法院起诉,提出同样的诉讼请求,并将关键证据——辞职信进行了电子邮件公证保全。孙先生则委托律师参与庭审。孙先生答辩称:是否批准辞职申请,最终决定权由公司掌握。然而,公司在收到孙先生的辞职申请后,并未要求其继续履行劳动合同,在办理离职交接手续时也从未要求自己承担任何违约责任,据此认为公司是放弃了要求自己承担违约责任。

【案例分析】

法院审理后认为,双方在培训协议中明确服务期为5年,孙先生在服务期内提前辞职,构成违约,应当承担违约责任。对于公司方要求的全额返还培训费用的主张,法院根据《中华人民共和国劳动合同法》第22条规定,劳动者违反服务期约定的,

---

[①] 资料来源:戎律师的博客 http://blog.sina.com.cn/rss1984,2013年3月21日。

应当按照约定向用人单位支付违约金。违约金的数额不得超过用人单位提供的培训费用。用人单位要求劳动者支付的违约金不得超过服务期尚未履行部分所应分摊的培训费用，认为公司方所要求的全额返还培训费用的请求，超出了法定标准，为此，法院最终判决孙先生支付的违约金为服务期尚未履行部分的工作期限分摊后的培训金额。

第五节　竞业限制中的法律风险及防范

竞业限制是指用人单位与知悉其商业秘密的劳动者在劳动合同中或者单独签订协议约定，在劳动者离开（解除和终止劳动关系）用人单位之后的一定期限内，劳动者不得去与本单位有竞争关系的其他用人单位任职，也不得自己开业生产或者经营同类产品、从事同类业务，同时约定用人单位为此向劳动者按期支付一定金额的竞业经济补偿。

一、竞业限制的风险要点

（一）竞业限制的人员范围

《劳动合同法》第24条的规定，竞业限制的人员限于用人单位的高级管理人员、高级技术人员和其他负有保密义务的人员。如果用人单位对于不必要竞业限制的职工也约定了该条款，这会使用人单位遭受莫名的巨额损失。

（二）竞业限制的期限

根据《劳动合同法》第24条的规定，竞业限制的范围、地域、期限由用人单位与劳动者约定，竞业限制的约定不得违反法律、法规的规定。竞业限制期限，不得超过2年。超过2年的，超出的部分对劳动者不具有约束力。

（三）竞业经济补偿金额的确定

对于竞业限制的经济补偿金数额法律法规并没有规定，双方有约定的从约定，如果双方没有约定，而劳动者又履行了竞业限制义务，根据《最高人民法院关于审理劳动争议案件适用法律若干问题的解释（四）》（以下简称《解释四》）第6条的规定，当事人在劳动合同或者保密协议中约定了竞业限制，但未约定解除或者终止劳动合同后给予劳动者经济补偿，劳动者履行了竞业限制义务，要求用人单位按照劳动者在劳动合同解除或者终止前12个月平均工资的30%按月支付经济补偿的，人民法院应予支持。

（四）竞业限制协议的解除

根据《劳动合同法》及最高院司法解释，竞业限制可以通过以下方式解除：

（1）协商解除。用人单位和劳动者协商一致可以解除竞业限制协议。

（2）用人单位解除。在竞业限制期限内，用人单位可以通知方式通知员工解除竞业限制协议，但劳动者有权要求用人单位额外支付劳动者三个月的竞业限制经济补偿。

（3）劳动者提出的解除。在双方劳动合同或者竞业限制协议中约定了竞业经济补偿金，但因用人单位的原因导致三个月未支付经济补偿的，劳动者有权要求解除竞业限制协议，并且还有权要求用人单位支付拖欠的经济补偿金。

另外，如果用人单位不支付补偿费的，劳动者也可以不履行竞业限制协议。

（五）违反竞业限制条款的责任

劳动者违反竞业限制协议的，应当承担相应的法律责任：

1. 支付违约金

《劳动合同法》第23条规定，劳动者违反竞业限制约定的，应当按照约定向用人单位支付违约金。

2. 继续履行竞业限制协议

最高院《解释四》第10条规定，劳动者违反竞业限制约定，向用人单位支付违约金后，用人单位要求劳动者按照约定继续履行竞业限制义务的，人民法院应予支持。

（六）竞业限制经济补偿金的支付

根据《劳动合同法》第23条的规定，竞业限制经济补偿应在解除或者终止劳动合同后，在竞业限制期限内按月支付。

实践中，一些用人单位为了减少经济补偿的支付，往往规定该等经济补偿的支付已包含在劳动关系期间支付给劳动者的工资之中。这样做不仅浪费金钱而且还起不到竞业限制的作用，因为竞业限制期限的履行从双方解除或终止劳动关系才开始。

二、竞业限制的风险防范措施

（1）对需要竞业限制的员工一定要签订竞业书面限制条款或协议。

（2）在竞业限制条款要明确竞业限制的内容、范围、地域和期限，这样具有针对性和操作性。注意约定的竞业限制期限不要超过2年。

（3）在竞业限制条款中约定双方义务、补偿金标准及违约金。

（4）为了掌握劳动者离职后是否真实在履行竞业限制义务，用人单位可以要求离职员工定期提供守约证据，如新单位的劳动合同和社保证明等，以掌握其就业情况。

（5）建议用人单位不要一次发放竞业限制补偿金，应以每月支付的方式，并约定在收到员工提供的就业状况证明后发放补偿。

（6）合理约定竞业限制补偿金标准，建议用人单位应该根据实际情况，同时参考《解释四》第六条规定的参照劳动者在劳动合同解除或者终止前12个月平均工资的30%的标准。

三、相关案例

【案例3-13 竞业限制协议中的互相豁免条款是否有效①】

【案情介绍】

陈某于2012年8月1日进入上海某五金公司工作，签订了期限为2012年8月1日至2016年7月31日期间的劳动合同，约定陈某的工作岗位为设备维修部主管，每月工资为1.3万元，于2013年1月开始调整为1.4万元。

公司和陈某签订的劳动合同中约定了竞业限制条款，该条款约定：在雇佣期内以及雇员终止受雇之日后3个月内其不得直接或者间接地单独或与任何第三方一起参与竞业业务；本合同期满或者终止后，公司应该按照中国的法律支付（　）元人民币（每月（　）元）作为对雇员履行本条项下的等义务的补偿。竞业限制补偿金应在终止后的竞业限制期限内按月支付。本合同期满或终止时，公司不向雇员支付任何款项，等同对雇员竞业限制义务予以豁免。

2014年2月22日，公司要求和陈某协商解除劳动合同并同意按照陈某3万多元的补偿金，但是陈某没有接受。2014年2月25日，公司以陈某将大量公司工作及商业机密资料发送到工作无关的私人邮箱构成严重违纪为由解除了陈某的劳制动合同。

根据相关法律的规定，竞业限制协议中没有明确约定竞业限制补偿金的金额，并不影响竞业限制条款的效力，在劳动者履行了竞业义务的情况下可以要求用人单位按照其劳动合同终止前12个月平均工资的30%支付其竞业补偿金。陈某认为公司解除自己劳动合同的行为没有法律依据，是在协商不成的情况下随便找了个借口而已，虽然自己确实存在将一些工作邮件发到私人邮箱，那只是工作邮件，并不构成泄露公司的商业机密，于是向单位所在地劳动仲裁委员会申请了劳动仲裁并提出了以下请求：请求公司支付违法解除的赔偿金；请求公司支付竞业限的补偿金。

仲裁委经过审理后做出了不支持陈某请求的裁决，陈某不服裁决，又委托律师向法院提起了诉讼。

日前，一审法院已经做出判决，判决支持了陈某要求支付3个月的竞业限制补偿金，对于违法解除的赔偿金没有支持。

【案例分析】

这是一起涉及违法解除劳动合同的赔偿金及解除竞业限制协议补偿金的支付的典型案例，该案例存在以下争议焦点：

（1）公司在协商解除不成后又立即单方解除陈某的劳动合同的做法是否合法？陈某认为，虽然自己将工作邮箱中的部分工作邮件发到私人邮箱，但是并不存在泄露公司商业机密的行为，只是为了工作方便而已。公司原来是要和自己协商解除劳动关

---

① 资料来源：上海劳动法律顾问网 http://www.shldgw.com，2014年11月18日。承办律师：上海君拓律师事务所钱剑娥律师。

系且已经在调解协议上盖章，由于自己没有接受公司的协商解除，3天后公司就找了个借口单方解除了双方的劳动合同，属于一种违法解除，应该支付违法解除劳动合同的赔偿。

而公司认为，虽然曾要求和陈某协商解除，但是那只是出于给陈某面子，陈某严重违纪的情形已经存在，因此公司在协商不成的情况下就只好单方解除了陈某的劳动合同。

法院经过审理后认为，根据公司的《员工手册》的规定，严禁员工未经许可，将公司的技术资料等重要信息带出公司或者借给他人使用或者复制给他人从而泄露公司机密，违反该规定的，将视情节轻重一律按照公司有关规定给以相应处分包括解除劳动合同，而陈某将公司邮箱内的内容发到私人邮箱，导致公司的重要信息脱离了公司的掌控，该行为显然严重违纪，因此判决没有支持陈某要求公司支付违法解除劳动合同的赔偿金的请求。

（2）竞业限制协议中约定的互相免责条款是否有效？公司和陈某签订的竞业协议中对竞业补偿金的具体金额没有明确约定，在约定了竞业限制的同时，又约定本合同期满或终止时，公司不向雇员支付任何款项，等同对雇员竞业限制义务予以豁免，该条款是否有效呢？

法院认为，既然双方签订了互相豁免条款，且是双方的真实意思表示，应该是有效的。但是，该豁免条款的生效也意味着公司对该竞业协议的单方解除。而根据《解释四》第9条的规定，在竞业限制期限内，用人单位请求解除竞业限制协议时，人民法院应予支持；在解除竞业限制协议时，劳动者请求用人单位额外支付劳动者3个月的竞业限制经济补偿金的，人民法院应予支持。因此，法院判决支持了陈某要求公司支付解除竞业限制协议的三个月的竞业限制补偿金的请求。

【案例3-14 宁波"高额违约金"获法院适当调整[①]】
【案情介绍】

2004年4月，林某进入宁波某进出口公司工作，先后任外销员、外销经理。2007年12月19日，林某与公司签订了一份劳动合同，约定了竞业限制条款。若违反竞业限制，林某要支付离开单位前一年工资50倍的违约金。

2010年3月30日，林某作为主要投资人另外成立了公司，经营范围与原公司基本相同。5月14日，林某向原公司提出辞职，并在当月20日办理交接手续。同时，公司通过网络信息安全管理系统监控发现，2010年4~5月期间，林某在与多名客户通过电子邮件联系时，存在告知客户其将离开原公司并成立自己的公司，要求客户与其本人保持联系并转移业务到其新公司等行为。

[①] 资料来源：中国法院网，2011年11月4日。

2010年10月15日，宁波市鄞州区劳动争议仲裁委员会裁决林某违反竞业限制，向公司支付违约金22.8万元。林某与进出口公司均不服劳动争议裁决，分别向宁波市鄞州区人民法院提起了诉讼。

法院一审认为，林某在某进出口公司处工作期间参与投资设立与其工作公司经营范围相同的公司及在离职前与公司多名客户联系等行为，违反了双方在劳动合同中的约定，应承担相应的违约责任。因某进出口公司未提供证据证实林某违反竞业限制的行为对其造成的实际损失，结合双方约定的竞业限制违约金的计算方式及竞业限制期限、林某的过错程度，某进出口公司请求的违约金数额显著过高，予以调整。法院判决驳回了林某的诉讼请求，责令林某支付进出口公司竞业限制违约金4.5万元。

进出口公司不服，提起上诉。宁波中院二审驳回了进出口公司的上诉，维持原判。

【案例分析】

就本案的法律适用问题，一审承办法官认为：竞业限制协议涉及企业和员工双方的利益，其中隐含着企业的合法权益与员工的自主择业权、劳动权之间的冲突。一方面，企业的合法权益应该得到保护，因为商业秘密等权益是维持其竞争力和竞争优势的根本，企业通过知识创新创造了商业秘密等合法权益，对侵犯企业合法权益的行为给予放任就会打击企业进行知识创新的积极性，妨碍技术和经济的进步。另一方面，保证劳动者的择业自由，促进劳动力的合理流动，不仅有利于劳动者发挥自身的最大价值，也会促进整个社会的发展和繁荣。竞业限制协议在一定程度上损害了劳动者的择业自由，阻碍了人才的自由流动，使得劳动者无法在其最能实现自我价值的领域里自由竞争和施展才华。

上述两种权益各有其经济、法律及道德的依据，都有其合理性，任何一方都不应把自己的利益凌驾于对方的利益之上，而应该致力于实现双方之间的利益平衡。

劳动者和用人单位在劳动关系中的地位不平等性，决定了法院在司法实践中有必要对竞业限制高额违约金进行限制和调整。本案进出口公司与林某约定的竞业限制违约金，明显高于林某的劳动收入，妨碍了林某择业自由和离职生存。因此，法院依职权并根据当事人签订的劳动合同中违约金的计算方式，结合劳动者因违反竞业限制所造成的损失、过错程度和竞业限制期限综合调整了林某的赔偿数额。

【案例3-15　劳动者在支付违约金后仍需继续履行竞业限制义务[①]】

竞业限制制度设置的初衷和最终目的是为了保护用人单位的商业秘密，如果劳动者与用人单位签订有合法有效的竞业限制协议且劳动者自离职后按月领取了竞业限制补偿金，则劳动者即应遵守竞业限制义务。如果劳动者没有遵守上述约定，从事了竞争性活动，原用人单位可以要求劳动者承担返还已经领取的竞业限制补偿金、支付竞业限制违约金并在竞业限制期限内继续履行竞业限制义务的法律责任。

---

① 资料来源：《人民政协报》，2015年4月28日12版。

【案情介绍】

2010年4月，邓某入职甲公司担任高级客户经理，每月工资1万元。同日，双方签署雇员保密协议。同年10月，邓某自甲公司离职，双方签订了一年期限的竞业限制协议，甲公司支付邓某竞业限制补偿金6万元；双方还约定如邓某违反协议，则应支付公司违约金50万元。后甲公司调查得知邓某离职后到与该公司存在竞争关系的乙公司工作，起诉要求邓某返还竞业限制补偿金、支付违约金并继续履行竞业限制义务。

庭审中，甲公司提交的乙公司的营业执照、年审结果等，证实了甲公司与乙公司存在竞争关系。甲公司提供了公证书、特快专递底单等证据，证实了邓某确实在乙公司工作。法院经审理认为，邓某在离职前担任高级客户经理，并与甲公司签署雇员保密协议，约定了一年期的竞业限制期限，双方约定的竞业限制范围也没有超出法定范畴，且甲公司也按约定支付了邓某6万元补偿金，综上，法院确认竞业限制协议合法有效。同时，法院可以确认甲公司与乙公司的基本业务存在竞争关系，邓某确实向乙公司提供劳动。故法院认定邓某在乙公司从事相关业务活动构成了对竞业限制协议的违反，其需如约支付甲公司违约金。邓某既已违反竞业限制协议，便丧失获取补偿金的合理理由，故邓某需返还甲公司竞业限制补偿金。法院判决邓某返还甲公司支付的竞业限制补偿金6万元并支付违约金50万元，且仍需在竞业限制期间履行竞业限制义务。

【案例分析】

竞业限制，是指负有特定义务的员工在任职期间或者离开岗位后一定期限内不得自营或为他人经营与其所任职的企业同类的经营。根据《劳动合同法》第24条的规定，对负有保守商业秘密义务的劳动者，用人单位可与劳动者约定竞业限制条款且竞业限制的期限不得超过两年，并且用人单位在竞业限制期限内需按月给付劳动者约定的经济补偿。而针对劳动者存在违约行为之后的处理，《最高人民法院关于审理劳动争议案件适用法律若干问题的解释（四）》第10条进一步规定，在劳动者存在违约行为之时，劳动者支付违约金并不必然导致竞业限制义务的解除，用人单位仍有权要求劳动者在余下的竞业限制期内不为相应行为。因此，本案中，考虑到邓某在甲公司的特殊地位以及掌握的核心客户资料的实际情况，即使邓某如约支付了违约金，也必须继续履行竞业限制协议，否则甲公司的合法权益将难以得到保护。

第六节　劳动合同履行和变更中的风险及防范

一、劳动合同履行中的风险点

对于用人单位来说，在劳动合同履行中引发风险的情形主要有：

(1) 不及时足额支付劳动报酬。
(2) 低于当地最低工资标准支付劳动者工资。
(3) 超时加班，安排加班不支付或者少付加班费。
(4) 以暴力、威胁或者非法限制人身自由的手段强迫劳动；用人单位管理人员违章指挥、强令冒险作业危及劳动者人身安全；侮辱、体罚、殴打、非法搜查或者拘禁劳动者。
(5) 提供不符合国家规定的劳动安全条件和必需的劳动防护用品，劳动条件恶劣、环境污染严重，给劳动者身心健康造成严重损害；对从事有职业危害作业的劳动者不定期进行健康检查。

对于这些情形，都有可能遭到法律的处罚。如《劳动合同法》第85条的规定，由劳动行政部门责令用人单位限期支付劳动报酬、加班费；劳动报酬低于当地最低工资标准的，应当补足差额部分；逾期不支付的，责令用人单位按应付金额50%以上100%以下的标准向劳动者加付赔偿金。《劳动合同法》第88条的规定，用人单位将受到行政处罚；构成犯罪的，将被追究刑事责任；给劳动者造成损害的，应当承担赔偿责任。

二、用人单位在劳动合同履行中的义务

法律对于用人单位的义务也有严格的规定，主要有：
(1) 用人单位应按月以货币形式将劳动报酬及时足额支付给劳动者本人，不得克扣或者无故拖欠劳动者的工资。
(2) 用人单位支付劳动者的工资不得低于当地的最低工资标准。
(3) 用人单位应当依法为员工缴纳社会保险。
(4) 用人单位应当为员工提供劳动条件和安全卫生保护，等等。

三、劳动合同变更的情形及风险防范

（一）劳动合同的变更

根据《劳动合同法》第35条的规定，变更劳动合同需劳资双方协商一致，采取书面形式，并且双方各执一份。

上海市高级人民法院《关于适用〈劳动合同法〉若干问题的意见》第3条对劳动合同变更的书面形式有相应说明，这里的书面形式，包括发给劳动者的工资单、岗位变化通知，等等。因为随着劳动合同的持续履行，劳动合同双方的权利义务本身就必然会不断变化。如随着劳动者工作时间的增加，其休假、奖金标准发生的自然变化等，都属于劳动合同的变更。因此，对于依法变更劳动合同的，只要能通过文字记载或者其他形式证明的，可以视为"书面变更"。

（二）不需要变更的情形

《劳动合同法》第33条规定，用人单位变更名称、法定代表人、主要负责人或者投

资人等事项，不影响劳动合同的履行。

《劳动合同法》第34条规定，用人单位发生合并或者分立等情况，原劳动合同继续有效，劳动合同由承继其权利和义务的用人单位继续履行。

实践中，有些企业碰到上述情况不仅被员工吵着变更合同，甚者还要单位支付经济补偿金，其实这些理由都不成立。

（三）以实际行为单方变更的行为

调岗、调薪是目前劳动合同变更最常见的情形。通常情况下需要双方协商一致。但有些情况用人单位会单方面调岗调薪，如加薪行为；还有依法变更行为，如《劳动合同法》第40条规定：劳动者患病或者非因工负伤，在规定的医疗期满后不能从事原工作时；劳动者不能胜任工作时用人单位可以对员工调岗。

此外，劳动合同订立时所依据的客观情况发生重大变化，致使劳动合同无法履行时，法律允许用人单位对劳动者的岗位进行变更。

风险防范建议

（1）变更劳动合同首先建议通过用人单位与员工进行书面协议的方式确定，这样可以避免纠纷的产生。

（2）完善用人单位的规章制度，明确岗位职责，在为法律允许用人单位单方面调岗调薪时提供有力保障。

（四）未采用书面形式变更劳动合同的效力

除前述的变更方式之外，在实践中用人单位与劳动者没有采用书面形式变更劳动合同其是否有效呢？《最高人民法院关于审理劳动争议案件适用法律若干问题的解释（四）》第11条规定，变更劳动合同未采用书面形式，但已经实际履行了口头变更的劳动合同超过1个月，且变更后的劳动合同内容不违反法律、行政法规、国家政策以及公序良俗，当事人以未采用书面形式为由主张劳动合同变更无效的，人民法院不予支持。

四、相关案例

【案例3-16 不服从工作安排单位能否调岗降薪[①]】
【案情介绍】
2005年4月6日，王某进入某上海某软件公司工作，先后和公司签订了两次劳动合同。最后一份合同的到期时间为2012年4月5日，合同约定王某的工作岗位为高级技术顾问，每月工资为2万元。

2011年3月，公司以王某不服从工作安排、工作态度恶劣、引起客户不满、致使

[①] 资料来源：2011年11月12日《劳动报》劳权周刊，承办律师：上海君拓律师事务所钱剑娥律师。

公司信誉受损为由向王某发出了书面警告，同时下达了《岗位调整通知书》：对王某予以降职降薪处理，自2011年4月1日起职位由高级技术顾问降为中级技术顾问，工资由原来的每月2万元调整为每月1.2万元。

王某不服，向劳动争议仲裁委提请了仲裁，要求公司按照原来的工资标准补足4月份扣发的工资。仲裁委审理认为，公司对王某降职降薪依据不足，于是支持了王某的请求，该裁决属于一裁终局。公司不服裁决，但是最终放弃了向中级法院申请撤销裁决的请求。

由于王某的工作表现依然让公司不满，公司于5月又向王某发出书面警告，并且仍按照每月1.2万元的标准发放王某5月及6月的工资。7月1日，王某以公司拖欠工资为由提出辞职，并于当月又申请了仲裁，要求公司支付5月、6月扣发的工资及解除劳动合同的经济补偿金。仲裁庭审理后认为，虽然公司给王某发出了两次书面警告，但是并不能证明公司方有足够的理由对王某降职降薪。且2011年3月所发的《岗位调整通知书》被仲裁庭认定为依据不足且已经发生法律效力，事后公司没有再对王某进行过调岗降薪的处理，公司不按照原合同约定标准支付王某的工资的做法缺乏法律依据。王某以公司拖欠工资为由提出辞职要求支付经济补偿金的要求符合法律规定，仲裁因此支持了王某所有请求。公司不服，向法院起诉。

该案最终以解调结案，公司一次性支付王某补偿3万元。

【案例分析】

本案是一起由用人单位单方调岗降薪引发的劳动纠纷案件，争议焦点有以下几点：

（1）公司能否以王某不服从工作安排为由对其调岗降薪？本案中的公司认为王某不服从工作安排，导致客户不满并使公司信誉受损，王某的过错行为已经构成书面警告的处罚。公司对其进行调岗降薪符合公司的规章制度的规定，也符合法律的规定，因此不愿意按照原合同的约定支付王某被扣发的工资。

而王某却认为自己并不存在不服从工作安排的情形，更何况就算自己不服从工作安排，按照公司规章制度的规定也只能是接受书面警告的处罚，而不能被调岗降薪。公司并没有提供证据证明自己不能胜任目前的工作岗位，因此公司单方调岗降薪是不符合法律规定的。

那么，公司对王某的调岗降薪到底是否合法呢？根据劳动法的规定，调岗降薪属于典型的变更劳动合同的行为。若用人单位要对劳动者进行调岗降薪，必须双方协商一致或用人单位有足够的理由对劳动者进行单方调岗降薪。可以看出，本案中的王某是不同意公司对其调岗降薪的，公司若要对王某进行调岗降薪，就必须提供王某不能胜任原来岗位的依据。

（2）王某自行提出辞职，公司是否应该支付经济补偿？公司认为王某是自行辞职的，不需要向其支付经济补偿金。更何况王某在被调岗降薪后工作态度很差，于2011年5月又被处以书面警告的处罚。根据公司规定，劳动者一年内累计接受两次以上书面警告的，可以直接开除无须支付任何经济补偿，既然王某自愿辞职，就更不需要支付经济补偿了。

王某却认为自己是被迫辞职的。经过劳动仲裁后公司虽然支付了扣发的4月份的工资，但是在后来的5月份、6月份公司却继续按照3月份的《岗位调整通知书》上的标准支付自己的工资，事实上又是一种扣发工资的行为。自己正是以公司扣发工资为由提出辞职的，因此公司应该依法支付经济补偿金。

那么，王某提出辞职，公司是否应支付其经济补偿呢？这关键要看王某辞职的原因。由于公司对王某的调岗降薪被仲裁认定不合法，公司也没有向中级法院申请撤销，并且也履行了支付4月份被扣发工资的义务，也就是说公司应该按照原来合同约定的工资标准发放王某4月份以后的工资。而公司却以王某在5月份又受到书面处罚为由，继续以《岗位调整通知书》上的标准支付王某工资的行为是不合法的，其实属于一种克扣工资的行为。因此在这种情况下王某提出辞职，公司应该支付其经济补偿。

【案例3-17　工龄工资能否变更为绩效奖金①】

【案情介绍】

2000年6月5日，陆先生进入上海某自动化科技公司工作，根据当时的薪酬体系，陆先生的工资由基本工资、工龄工资等组成。2010年4月，公司进行了薪资体系改革，将原来工资结构中的工龄工资调整为年度绩效奖金。为此，公司特别制定了年终绩效奖金发放管理规定，并召开了职工代表大会进行讨论、表决。获得职工代表大会通过后，公司随即向全体职工公告该规定，并决定于2010年6月1日起正式实行，公司还将具体的考核方式予以公示。陆先生认为原本每个月都有的工龄工资突然变成了年底考核后发放，具有不确定性，因此拒绝签收公司的规定和公告。为此，公司特地找陆先生到办公室单独沟通，告知其职工代表大会通过的相关规定，为了方便取证，公司对此次谈话进行了摄像和录音。

2010年6月1日，公司正式实施新的工资发放方式，陆先生对此不认可，并向公司提出要求补发被扣的工龄工资，公司对此进行了解释并再次告知陆先生新的规定。次月，陆先生发现公司仍继续扣除他当月的工龄工资，便以此为由，书面提出解除劳动合同并要求公司返还被扣工资、支付相应的经济补偿金。公司认为自身做法合法合理。陆先生随即向劳动争议仲裁委员会提请仲裁，要求公司返还工龄工资并支付经济补偿金。

仲裁委审理后认为，公司进行的薪资体系改革符合法律规定，裁定对陆先生的请求不予支持。陆先生不服，又起诉到法院，一审法院认定公司薪资体系改革合法有效。

---

① 资料来源：2011年9月3日《劳动报》劳权周刊，承办律师：上海君拓律师事务所李军律师。

【案例分析】

现实中,很多用人单位将工资结构分为几部分组成,而一旦确定下来,想要再去掉某一部分或变更某一部分,因涉及劳动者的切身利益,往往变得不那么容易,且易引发劳资纠纷。

作为市场经济的主体,用人单位是否有权制定、修改、完善自己的薪资体系或相关制度呢?答案是肯定的,作为一家企业享有当然的经营自主权,但是法律也对这一权利的行使进行了相应的限制。《中华人民共和国劳动合同法》第4条规定,用人单位在制定、修改有关劳动报酬等直接涉及劳动者切身利益的规章制度或重大事项时,应当经职工代表大会或者全体职工讨论,提出方案和意见,与工会或者职工代表平等协商确定。同时,用人单位应当将直接涉及劳动者切身利益的规章制度或重大事项决定公示,或者告知劳动者。因此,从法律规定来看,用人单位是有权制定、修改直接涉及劳动者切身利益的规章制度或重大事项的,但是必须履行相应的程序才合法有效。结合本案来看,判断公司自2010年6月起不再支付陆先生工龄工资是否构成克扣工资,关键是看公司的薪资体系改革是否合法有效,也就是说本案的争议焦点在于公司将原来的工龄工资改为年终绩效奖金这一薪资体系的改变是否有效。

庭审中,公司方为证明其薪资体系改变的合法性,向法庭提交了职工代表大会会议记录、年终绩效奖金发放管理规定、职工签名记录表、录音录像等证据,以证明公司将原来的工龄工资调整为年度绩效奖金的事实,以及改革方案经过了一系列的民主程序并让员工签字确认,公司曾就工资改革方案与陆先生进行沟通,但陆先生始终不肯签字等事实。

陆先生对公司方提交的证据真实性均予以认可,但认为公司的改革制度在制定程序上不合法,内容也不合理,认为对于年终绩效考核的决定权在公司处,无法保证公平和公正;公司将原本固定的工龄工资变更为年终绩效奖金,属于变更劳动合同,应当与陆先生协商一致。因此,陆先生不同意这样的薪资改革,也拒绝签字。

本案中,公司方提供的证据可以反映公司在实行薪资体系改革前经过了职工代表的讨论,决定后也进行了公示以及告知所有的员工,因此公司已经履行了法定的民主程序,其对薪资体系的改革,完全符合《劳动合同法》第4条的规定,是合法有效的,对陆先生具有约束力。陆先生以克扣工资为名,要求公司补足已被取消的原工龄工资缺乏事实和法律依据;同理,陆先生基于克扣工龄工资而提出解除劳动合同的事由亦不成立,主张的经济补偿金也没有事实依据和法律依据。一审法院最终驳回了陆先生的诉讼请求。

在此要提醒一下用人单位:企业享有当然的经营自主权,但是权利的行使必须依法进行,不可滥用,但也不能因为担心引发纠纷,而惧怕行使企业应有的权利。这就需要用人单位自身增强法律意识、健全规章制度、规范用工行为。

【案例 3-18 用人单位单方变更劳动合同无效①】

【案情介绍】

李某是某企业的员工,她在公司担任生产设备统计工作。2012年上半年,李某发现自己怀孕了,为此到医院就诊检查,医生建议她注意休息。于是李某拿着医院开的证明按公司规定向公司请假。公司认为,李某怀孕了,以后需要经常请假休息,必将对公司的经营造成一定影响,加上公司质检部门需要人手,故通知李某到质检部门上班,按质检岗位的标准享受相关待遇。

李某认为,自己怀孕需要休息且按公司规定请假合理合法。现公司不与她协商,擅自变更劳动合同,将她调到一个工作岗位更辛苦的岗位,不利于生育,待遇也降了不少,显然是损害了她的合法权益,故向当地劳动仲裁委员会提起仲裁申请,要求恢复原工作岗位及原工资待遇。而公司认为,李某作为公司的员工,当然要以公司利益为重,服从公司的安排,公司根据需要有权变动员工工作岗位,这是理所当然的。

劳动仲裁委员会经审理认为,女工怀孕并非法定的客观情况发生重大变化情形,且女工在孕期应得到相应的保护。在本案中,该公司未与李某协商,也未考虑其已怀孕应注意休息的需要。擅自变更劳动合同,调动员工工作,降低工资待遇,从实体及程序上均违反法律规定,因此公司单方变更劳动合同内容的行为属于无效行为,故裁决公司立即恢复李某的工作及原工资待遇。

【案例分析】

劳动合同依法订立即具有法律约束力,当事人必须履行劳动合同规定的义务。对劳动合同的变更是劳动合同的双方当事人依照法律规定的条件和程序,对原劳动合同进行修改的法律行为。劳动法同时规定,变更劳动合同,应当遵循平等自愿、协商一致的原则,不得违反法律、行政法规的规定。否则构成违约,承担违约责任,造成损失的,还应承担相应的赔偿责任。

为了化解劳动合同变更产生的法律风险,建议用人单位做好以下几方面的工作:

(1) 建立健全劳动合同管理制度。按劳动合同法与劳动者订立书面的劳动合同;建立健全企业的规章制度,比如考勤制度、奖惩制度、劳动保护制度等;企业各部门之间协调配合,以便用人单位按劳动合同履行自己的义务。

(2) 对客观情况发生重大变化的情形做出明示:

如用人单位的原因:①用人单位跨地区迁移、兼并、分立、合资、转(改)制、转产、进行重大技术改造等致使劳动合同所确定的生产、工作岗位消失;②用人单位倒闭、破产、解散、经营期限届满致使劳动合同所确定的生产、工作岗位消失。

劳动者的原因:①劳动者自身身体原因导致不能从事劳动合同约定工作的;②劳动者从事某种工作种的资质丧失;③双方约定的劳动条件诸如工作时间、工作地点等发生改变的。

---

① 资料来源:黔东南人才网,2016年3月31日。

其他原因：①国家政策、法律法规的改变使得劳动合同某些条款不适应社会发展的；②其他不可抗力的因素。

（3）灵活设计劳动合同条款。包括：工作地点的约定不宜过细；工作岗位设置期限：劳动合同期限较长，则可以将劳动合同期限与工作岗位期限分开设置，一个较长的劳动合同期限内，先对员工的工作岗位约定一个较短的工作岗位期限，在该工作岗位期限届满后，用人单位可根据需要重新聘用员工到一个新的岗位；用人单位不可能罗列出全部可变更的情形，因此，用人单位在设计该条款时，增加一些弹性条款。

（4）其他。如变更劳动合同采用书面形式；认真履行关于女工和未成年工保护的规定；制定完备的绩效考核体系，做好与劳动者协商的记录。

第四章　劳动合同解除、终止中的风险及防范

用人单位和劳动者之间往往因各种原因需要提前解除或终止劳动合同，不外乎双方协商一致解除、劳动者单方解除、用人单位单方解除、法定终止这几种情形，针对不同的情形，用人单位应当关注哪些法律风险，如何进行防范，笔者将在本章逐一分析。

第一节　双方协商解除中的法律风险及防范

《劳动合同法》第36条规定，用人单位与劳动者协商一致，可以解除劳动合同。该法第46条规定，用人单位依照本法第36条规定向劳动者提出解除劳动合同并与劳动者协商一致解除劳动合同的，用人单位应当向劳动者支付经济补偿。

一、风险提示

双方协商解除劳动合同的，不论是用人单位还是劳动者都可以提出。但如果是用人单位提出的，用人单位应向劳动者支付的经济补偿金；如果是劳动者提出的，用人单位无须支付经济补偿金。

虽然说协商解除劳动合同是所有解除中最和谐的一种方式，但无论是哪方提出解除，用人单位都应当签订劳动合同解除协议，用书面形式将协商内容固定下来。这既可以规范用人单位的人事管理工作，也可以防止个别劳动者恶意仲裁、诉讼。

二、相关案例

【案例4-1　"协商解除"能否由用人单位说了算？[①]】
【案情介绍】
李某于2007年6月8日进入上海某国际货运代理有限公司担任叉车工岗位工作，2010年2月1日起岗位调整为仓库班长。2012年9月1日该公司要求李某与其关联公司即被告签订劳动合同，双方最后一份劳动合同的期限至2014年8月31日。李某

[①] 资料来源：上海劳动法律顾问网，2014年10月13日，承办律师：上海君拓律师事务所钱剑娥律师。

在被告处工作期间每周上班6~7天,每周至少加班1天,但被告没有发放过李某双休日加班工资。2014年3月7日,被告向李某发出了解除劳动合同通知书,在通知书上被告称"李某不适合本岗位工作,经友好协商,您与公司签订的劳动合同于2014年3月7日予以解除。公司将按实际出勤日结算你2014年3月份的工资并支付补偿金",当日被告在李某未签收该通知书的情况下就解除了其劳动合同。

李某在被解除劳动合同后,非常气愤,决心通过法律途径维护权益,于是提起诉讼,最终经过劳动仲裁及一审,被告公司在自知理亏的情况下与李某调解结案,并支付了李某违法解除的赔偿金及部分加班工资。

【案例分析】

这是一起用人单位违法解除员工劳动合同的典型案例。希望通过此案的分析,能给用人单位规范管理提供一些帮助。

本案争议焦点为:公司对李某的解除是"协商解除",还是"违法解除"。

本案中公司认为其出具的解除通知书上写着友好协商,且其已将经济补偿金打入了李某的工资卡中,故双方应属于协商一致解除。但事实上该公司仅以一张没有签字的解除通知为证据明显是掩耳盗铃自欺欺人的做法,难以证明其与李某属于协商一致解除劳动合同,另外公司将其所谓的补偿金打入李某工资卡的行为也仅是公司的单方行为,不能证明李某对公司解除行为的认可,故其应属于"违法解除"。

《劳动合同法》第36条规定,用人单位与劳动者协商一致,可以解除劳动合同。在实践操作中,有些公司往往会和上述案例中的公司犯同样的错误,仅以一纸没有劳动者签字的空文和自己的单方行为就自认为双方是协商一致解除劳动合同。在此需要提醒各用人单位注意,协商解除须用工单位与劳动者双方协商一致方可解除,单位应与劳动者签订相应的书面协议,若仅凭单位的单方行为将被认定为违法解除,必将承担违法解除的法律后果。

第二节 劳动者单方解除的风险及防范

《劳动合同法》第37条、第38条赋予了劳动者单方解除劳动合同的权利,伴随着劳动者用不同的方式行使单方解除权,也将会给用人单位带来不同的法律风险。

一、劳动者提前30日通知的解除及法律风险

根据《劳动合同法》第37条的规定,正式员工需要提前30日以书面形式通知用人单位方可解除劳动合同。试用期内提前3日通知用人单位可以解除劳动合同。法律对劳动者行使这些解除权利不要求必须具备法定理由,只需提前告知单位即可。但是实践中,不少员工在提出单方解除时却说走就走,根本不履行提前告知和交接义务,从而导

致用人单位措手不及因此遭受经济损失。

二、劳动者即时生效的解除及法律风险

根据《劳动合同法》及其实施条例的相关规定，用人单位有下列情形之一的，劳动者可以随时解除劳动合同：
（1）用人单位未按照劳动合同约定提供劳动保护或者劳动条件的；
（2）用人单位未及时足额支付劳动报酬的；
（3）用人单位未依法为劳动者缴纳社会保险费的；
（4）用人单位的规章制度违反法律、法规的规定，损害劳动者权益的；
（5）用人单位以欺诈、胁迫的手段或者乘人之危，使劳动者在违背真实意思的情况下订立或者变更劳动合同，致使劳动合同无效的；
（6）用人单位在劳动合同中免除自己的法定责任、排除劳动者权利，致使劳动合同无效的；
（7）用人单位违反法律、行政法规强制性规定的；
（8）用人单位以暴力、威胁或者非法限制人身自由的手段强迫劳动者劳动的；
（9）用人单位违章指挥、强令冒险作业危及劳动者人身安全的；
（10）法律、行政法规规定劳动者可以解除劳动合同的其他情形。

实践中，因用人单位法律知识的欠缺，或多或少存在上述违法行为，因未按劳动合同约定支付劳动报酬、拒不支付劳动者延长工作时间工资报酬、低于当地最低工资标准支付工资、未依法给劳动者缴纳社会保险等行为劳动者可以随时解除劳动合同的同时还可对因用人单位的违约行为造成的损失要求用人单位继续支付所欠工资，补缴社会保险，并且还可以要求用人单位支付经济补偿金。在此情况下，对于企业来说，不但没有降低成本而且还会给企业增加成本和带来更为严重的法律风险。

三、风险防范

针对劳动者单方解除劳动合同的风险，建议企业采取以下方式加以防范：
（1）企业应在劳动合同和规章制度中，明确约定劳动者在违法解除劳动合同和不办理交接时要赔偿给用人单位造成的经济损失。
（2）企业为员工提供必要的安全保护，不给员工单方解除劳动合同的借口，另外也可以减少企业员工工伤发生的风险。
（3）严格按时足额支付劳动报酬及加班工资。
（4）依法为劳动者缴纳社会保险。
（5）加强企业文化的建设和宣传，建立和谐劳动关系，减少离职员工对用人单位的敌视心理。

四、相关案例

【案例 4-2 申请辞职数月后"批准解除"属违法[①]】

【案情介绍】

王女士于 2009 年 12 月进入上海某电器有限公司工作,任业务部经理一职。公司和王女士订立了为期三年的劳动合同,但没有书面约定劳动报酬,只是口头约定王女士年薪 8 万元,而公司则按照 3000 元/月的标准支付。为此,王女士多次找公司催讨差额工资,但总是被公司领导以各种理由推诿,这一现象持续将近半年,王女士实在忍无可忍,于 2010 年 5 月 10 日向公司提出书面辞职。基于王女士在电器销售方面能力突出、市场销售业绩好等因素,公司并没有同意她辞职,反而极力挽留,并承诺下半年会加薪,王女士于是打消辞职的念头,继续安心在公司工作,但是辞职报告仍留在公司人事部。

可是没过几个月,市场情况发生较大变化,王女士的销售业绩出现较大的下滑。2010 年 8 月 20 日,公司向王女士出具了一份辞职批复函,告知公司已同意王女士的辞职申请,双方劳动关系即日解除,请其尽快办理工作交接和离职手续。王女士收到批复函后非常震惊,认为几个月前自己提出辞职,是公司领导极力挽留并承诺加薪才同意继续做的,而自己正安心工作的时候却又被告知同意辞职,难以接受,越想越生气,于是就委托律师向单位所在地的劳动仲裁委员会提起劳动争议仲裁申请,要求恢复劳动关系并支付劳动关系恢复期间的工资。

目前,此案已审结,劳动争议仲裁委员会经过审理后认为,公司在王女士提出书面辞职 3 个月后解除王女士的劳动合同的做法违反劳动法的相关规定,系违法解除,于是做出了支持王女士的仲裁请求的裁决。

【案例分析】

本案主要涉及劳动者辞职行为的形式要件、生效条件、意思表示、劳动合同解除行为的合法性以及相应法律后果等几方面内容。通过对本案的分析,希望能对用人单位在准确理解员工辞职行为的效力及规范这类情形的劳动合同解除行为方面能有所帮助。

(1)劳动者提出辞职的行为系"附期限"的民事法律行为,辞职行为并非一经提出就立即生效。

《劳动合同法》第 37 条规定,劳动者提前 30 日以书面形式通知用人单位,可以解除劳动合同。这表明,劳动者提出辞职必须同时满足两个形式要件:一是通知义务,必须以书面形式进行通知;二是时间要求,必须提前 30 日。换言之,劳动者尽了书面通知的义务,必须经过 30 日,该辞职行为才发生效力。很显然,劳动者提出辞职的意思表示行为,并不是一经提出就立即生效的"单方民事法律行为",而是"附期限"的民事法律行为。

[①] 资料来源:《劳动报》劳权周刊,2010 年 12 月 4 日。承办律师:上海君拓律师事务所李华平律师、谢亦团律师。

根据《最高人民法院关于贯彻执行〈中华人民共和国民法通则〉若干问题的意见》第 76 条规定，附期限的民事法律行为，在所附期限到来时生效或者解除。劳动者辞职行为附有"30 日"期限要求，期限未到来时，辞职行为尚未生效。劳动者在辞职行为尚未生效期间，做出不辞职的相反意思表示，则产生了新的民事法律行为，即双方继续履行合同。

在本案中，王女士于 2010 年 5 月 10 日向公司提出了书面辞职，在"30 日"期限内，公司用承诺下半年加薪等方式极力挽留，王女士打消辞职念头，同意继续履行合同，因此该辞职行为并未生效。根据《最高人民法院关于贯彻执行〈中华人民共和国民法通则〉若干问题的意见》第 66 条规定，一方当事人向对方当事人提出民事权利的要求，对方未用语言或者文字明确表示意见，但其行为表明已接受的，可以认定为默示。通过公司的极力挽留，王女士虽没有收回辞职报告，但是在此后的 2 个多月，王女士实际继续履行合同的行为表明已作出默示的不辞职意思表示。

（2）用人单位以劳动者曾经提出辞职为由，解除劳动合同系违法解除，应承担相应的法律后果。

本案中，公司于 2010 年 8 月 20 日向王女士出具一份辞职批复函，就其行为本身而言，犯了两个错误。首先，劳动者提出辞职只要同时满足通知义务和时间要求这两个形式要件，即可辞职，无须用人单位批准，公司批复多此一举；其次，王女士是 2010 年 5 月 10 日提出的辞职，双方在其提出辞职后实际履行合同已超 3 个月，王女士实际继续履行合同的行为已表明其不辞职的意思表示，公司同意其辞职的批复，从何谈起？很显然，公司以此为由解除合同，属于违法解除。

根据《劳动合同法》第 48 条之规定，用人单位违反本法规定解除或终止劳动合同，劳动者要求继续履行劳动合同的，用人单位应当继续履行。据此，仲裁委员会作出了恢复公司与王女士的劳动关系的仲裁裁决。

【案例 4-3 员工主动辞职时，需要注意的几个问题[①]】
【案情介绍】

某公司的一名销售督导，平时不属于刷卡考勤，所以人事系统里他的考勤状况都是正常。而此名员工 2009 年 4 月 15 日已经向其部门经理和部长提交辞职申请表，经理和部长也签了。因业务还没交接，且该员工在公司还有欠款，所以该部门的经理和部长让他在公司再待几天，把业务交接清楚并还清欠款。但该员工在一次出差途中，擅自离开了公司，从此再没有上班。可是他们所在部门的人从来没有一个人向人事部通知该员工已经走了，人事部当然也没收到该员工的辞职申请，现在已经 5 月 21 日了，有其他部门员工向人事部反映，有些人辞职了还拿着工资，人事部就联系所在部门的经理和部长，才得知这名员工早已不上班了。

---

① 资料来源：青岛社保服务网，http://www.qdshebao.com，2012 年 11 月 18 日。

像这种情况，人事部可以按旷工辞退这名员工吗？因为他有提交辞职申请，但是却没有提交到人事部，这种情况下，是必须得按照30天后解除劳动关系处理吗？已发到这位员工手里的工资怎么追回？

【案例分析】

（1）员工辞职是否需要将申请提交到人事部门？根据法律规定，员工正常辞职需提前30日书面通知用人单位，这里用人单位应该采用广义的理解，即上级领导即可，而不仅仅是人事部门。

（2）该员工劳动关系是否已解除？该员工书面辞职申请已上交，并且得到了经理和部长签字批准，因此劳动关系已解除。

（3）人事部可以按旷工辞退这名员工吗？员工后续在公司是为了工作交接，并不构成劳动关系，因此没有再旷工和辞退之说。

（4）是不是员工必须提交辞职申请30日后才解除劳动关系？不是。30日申请期是法律赋予公司的一种权利保护，基于权利都可以放弃的原则，公司可以放弃30日保护期。本案中公司在员工提交辞职申请书后，签字确认即表明放弃了其他时间的保护期。

（5）工资追回。该员工辞职后所获得的工资是不当得利，应当返回公司。

第三节　用人单位单方解除的风险及防范

《劳动合同法》同样赋予了用人单位享有单方解除劳动合同的权利，主要分为劳动者过错性解除、无过错性解除两大类。用人单位在行使单方解除权时，也应当注意因操作不当引发的法律风险。

一、过错性解除的情形与风险防范

《劳动合同法》第39条以及《劳动合同法实施条例》第19条归纳了用人单位因劳动者存在过错可以解除劳动合同的情形，分别为：

（1）劳动者在试用期间被证明不符合录用条件的；

（2）劳动者严重违反用人单位的规章制度的；

（3）劳动者严重失职，营私舞弊，给用人单位造成重大损害的；

（4）劳动者同时与其他用人单位建立劳动关系，对完成本单位的工作任务造成严重影响，或者经用人单位提出，拒不改正的；

（5）劳动者以欺诈、胁迫的手段或者乘人之危，使用人单位在违背真实意思的情况下订立或者变更劳动合同致使劳动合同无效的；

（6）劳动者被依法追究刑事责任的。

用人单位在实务操作中需要注意的风险要点如下：

（1）用人单位在试用期以不符合录用条件解除员工的，事先要对录用条件进行明确约定并让员工签署确认,并做好试用期内的考核。一经发现劳动者不符合录用条件,用人单位应即时解除劳动合同,一定还必须是要在试用期内,如果过了试用期,则不能以此条款解除劳动合同。

(2) 用人单位对于哪些属于"严重违反"、"严重失职"、"重大损害"、"严重影响"等情形解除员工的,需要在其内部规章制度中对上述标准予以界定,并向劳动者公示,让劳动者明确知道单位有哪些规定是属于可以被解除的情形,从而减少用人单位在以后仲裁或诉讼的发生。

(3) 用人单位行使解除权应当在解除劳动合同前将理由通知工会,如果用人单位违反法律、行政法规规定或者劳动合同约定的,工会有权要求用人单位纠正。

二、无过错性解除的情形与风险防范

劳动者无过错性解除指劳动者本人无过错,但由于主客观原因致使劳动合同无法履行,用人单位在符合法定情形下,履行法定的程序后有权单方解除劳动合同。《劳动合同法》第40条规定,有下列情形之一的,用人单位提前30日以书面形式通知劳动者本人或者额外支付劳动者1个月工资后,可以解除劳动合同:

(1) 劳动者患病或者非因工负伤,在规定的医疗期满后不能从事原工作,也不能从事由用人单位另行安排的工作的;

(2) 劳动者不能胜任工作,经过培训或者调整工作岗位,仍不能胜任工作的;

(3) 劳动合同订立时所依据的客观情况发生重大变化,致使劳动合同无法履行,经用人单位与劳动者协商,未能就变更劳动合同内容达成协议的。

用人单位在实务操作中也需要注意以下几点:

(1) 如果劳动者有患病或者非因工负伤情形,医疗期满后用人单位不能立即解除劳动合同,如果该员工不再适应原岗位,要给员工安排合适的岗位工作,劳动者仍然不能从事工作的,用人单位才可以依法解除劳动合同。

(2) 为了能够准确适用劳动者不能胜任工作的评判标准,需要用人单位建立起一套比较完善的岗位职责作为参考标准,这个标准还需要劳动者签字确认。另外,认定劳动者不能胜任工作后还不能直接解除,必须对其进行至少一次的培训或者调整工作岗位后仍不能达到要求的,用人单位才可以解除劳动合同。所以,这里顺便说一下之前社会上热门一时的"末位淘汰制"的做法就是因为缺少了培训和调岗的程序而无效。

(3) 关于用人单位在以客观情况发生变化而解除的必须是这个变化达到了致使合同无法履行的程度,不能将此条款作为其随意解除与劳动者劳动合同的理由。对于此种情形,用人单位必须先与劳动者协商,要求变更劳动合同的内容协商不成的才能解除劳动合同,如直接解除劳动合同可能会构成违法解除。

(4) 有上述三种情形之一用人单位行使解除权解除劳动者的应向劳动者支付一个月工资的经济补偿金。

(5) 如果劳动者存在《劳动合同法》第42条列举的情形,用人单位则不能依据第四十条解除劳动合同。

三、相关案例

【案例4-4 违纪事实不成立,解除合同属违法[①]】

【案情介绍】

陈某于2008年9月进入一家物业管理公司工作,双方签订了一份为期三年的劳动合同,合同约定陈某担任人力资源助理一职,月工资为5000元。

2009年11月中旬,陈某被诊断已怀孕,此后其上班经常迟到数分钟。同年12月4日,公司根据《员工手册》规定以陈某"当月迟到次数大于3次"为由,给予陈某书面警告一次,陈某解释称因为是怀孕初期,走路需特别小心所致。

2010年4月28日,公司再次以陈某累计"当月迟到次数大于3次"为由,做出书面警告一次。根据公司《员工手册》规定,二次及以上书面警告为最后警告。

次日8时,陈某身体感到不适,需到医院就诊,向公司人事经理打电话请假,未能联系上,于是发短信告知需请假就医事宜。上午9时公司上班后,陈某向直属主管电话请假并进行录音,直属主管称已知晓其请假看病事情,要求其就诊后及时补交病假证明。当天下午,陈某接到公司人事经理电话,被告知因没有履行正常请假手续,属于旷工,并称因其已累计两次书面警告,根据《员工手册》的规定"严重违反公司规章制度即触犯严重过失行为者,或受到最后警告处分后再次违反公司规章制度者,将作即时辞退而给予任何的补偿",做出了立即解除与陈某劳动合同的决定。

陈某得知自己在孕期中被解除劳动合同,非常委屈和难以理解,决心通过法律途径维护权益,于是向劳动争议仲裁委员会提起仲裁,要求公司恢复双方劳动关系并支付其恢复期间的工资和缴纳社会保险。目前,该案劳动争议仲裁委员会已审结。

【案例分析】

这是一起用人单位以严重违纪为由解除处于"三期"中的女职工劳动合同的典型案例。实践中,如何有效管理"三期"女职工,是困扰用人单位的难题。希望通过此案的分析,能给用人单位规范管理提供一些帮助。

(1) 用人单位可以解除严重违纪的"三期"女职工。《劳动合同法》第42条规定,女职工在孕期、产期、哺乳期的,用人单位不得以本法第40条、第41条的规定解除劳动合同。可见,并没有把《劳动合同法》第39条纳入其中。换言之,如果处"三期"中的女职工,有违反《劳动合同法》第39条情形之一的,用人单位是可以依法解除其劳动合同的。因此,如果"三期"女职工有严重违纪行为,并不会因为其处于特殊保护时期而免于解除劳动合同的。

(2) 陈某已履行请假手续,不应算作旷工。在本案中,陈某怀孕后,经常有迟到数分钟的行为,根据公司提供的考勤记录,确实能够认定迟到这一事实,公司依据《员工手册》对其进行二次书面警告,虽然不近人情、略显苛刻,但并不违法,因为

[①] 资料来源:2010年7月31日,《劳动报》劳权周刊,承办律师:上海君拓律师事务所李华平律师。

怀孕不属于员工可以迟到上班的法定事由。

但是，公司称陈某2010年4月29日未履行正常的请假手续，属于旷工这一说法则难以成立。首先，陈某在电话向人事经理请假未果的情况下，通过手机短信请假是合乎情理的；其次，陈某在公司上班后打电话再向直属主管请假，并被告知已知晓其请假情况，这些均有短信、电话单记录、录音为证，说明已经履行了正常的请病假手续，只要事后补上病假证明即可。因此，公司认定陈某是旷工，属于严重过失行为，与事实相悖。

(3) 公司依据《员工手册》规定解除合同不成立，属违法解除。公司《员工手册》规定，"严重违反公司规章制度即触犯严重过失行为者，或受到最后警告处分后再次违反公司规章制度者，将作即时辞退而给予任何的补偿"，依据这一规定，有两种情形之一的，即可被解除。一是"触犯严重过失行为者"，公司将旷工行为定义为"严重过失行为"，陈某并没有旷工，不符合；二是"受到最后警告处分后再次违反公司规章制度者"，陈某确实受到最后警告处分，但是并没有再次违反公司规章制度，也不符合。因此，公司解除陈某的劳动合同没有依据，属于违法解除。劳动仲裁委员会经过审理，支持的陈某的全部请求。

需要特别提醒的是，处于"三期"中的女职工虽拥有特殊保护的权利，但并不能违反单位规章制度，否则用人单位依然可以解除其劳动合同。同样，用人单位也应具有人文关怀，在解除劳动合同是需要十分慎重，必须在违纪事实、解除依据、解除程序等各方面均完备的情况下才能行使解除权，否则，将承担违法解除的法律后果。

【案例4-5 职工不胜任工作能否以严重违纪解雇[①]】

【案情介绍】

2004年8月1日，章女士进入上海某贸易有限公司从事销售工作，工作地点在杭州。劳动合同约定：合同期限为2012年8月1日至2013年7月31日，工作岗位为市场部业务员；《内贸人员考核管理办法》作为劳动合同附件。

《内贸人员考核管理办法》第5条规定，对在聘业务员的考核内容为有效销售额，即以货款到账数为准；每半年设为一个考核周期，中途每3个月统计公布一次；所有业务员按销售额高低计分。得分低于60分将被敦促；得分低于30分者，待遇向下降一档或解除劳动合同；但经本人申请仍可在一年内担任停薪兼职业务员，若今后做出业绩，经本人申请公司批准仍可恢复为正式业务员。

贸易公司《员工手册》中规定："签约员工在合同期内，若发生严重违反劳动纪律和公司规章制度的，公司可以依法与其解除劳动合同，且不承担经济补偿义务。如根据《内贸人员考核管理办法》的规定，业务员考核得分低于30分者等"。

---

① 李嘉豪：《职工不胜任工作能否以严重违纪解雇》，载《劳动报》劳权周刊，2014年5月9日。

2012年第三季度，章女士的考核分数为10分；2012年第四季度及2013年第一季度的考核分数则均为0分。2013年3月25日，贸易公司对章女士发出《解除劳动合同通知书》。《解除劳动合同通知书》中称"根据公司《内贸人员考核管理办法》规定，本期考核你得0分；依据公司与你签订的《劳动合同》第7条：合同期内，乙方发生下列行为之一的，其行为属严重违反劳动纪律和企业规章制度，甲方可依法以书面形式通知乙方随即解除本合同，不承担经济补偿义务；……根据《内贸人员考核管理办法》规定，业务员考核得分低于30分的，现公司决定于2013年4月1日起与你解除劳动合同。"章女士解除劳动合同前12个月的平均工资为3150元。

章女士收到《解除劳动合同通知书》后，向杭州市某区劳动人事争议仲裁委员会申请仲裁，要求贸易公司支付相当于9个月平均工资的经济补偿金37800元和未提前1个月通知解除劳动合同的代通金3150元。此案经仲裁、法院一审、二审结案。

仲裁委认为，章女士经考核不能胜任工作，单位可以解除劳动合同，但应当提前1个月通知并支付经济补偿，因此支持了章女士的全部诉请。贸易公司不服，起诉到上海某基层法院，基层法院则认为贸易公司"业务员考核得分低于30分属严重违纪"的规定无效，但因章女士只要求贸易公司支付经济补偿金，视为章女士同意贸易公司提出的解除劳动合同意思而协商一致解除合同，判决贸易公司支付经补偿金，无须支付代通金。双方均不服，提起上诉。二审法院维持原判。

【案例分析】

本案涉及用人单位规章制度的效力、违法解除劳动合同的法律后果以及仲裁请求事项等问题，非常具有典型性。

（1）用人单位规章制度的内容违法，对劳动者不具有约束力。《劳动合同法》第4条规定，用人单位应当依法建立和完善劳动规章制度，保障劳动者享有劳动权利、履行劳动义务。用人单位在制定或修改规章制度，必须同时满足规章内容合法、制度程序民主和公示告知劳动者三大要素，缺一不可。

本案当中，贸易公司《员工手册》将"业务员考核得分低于30分"即经考核不能胜任工作岗位的情形，规定为员工严重违反劳动纪律和企业规章制度的行为，属于规章内容违法，显然违反法律规定，对劳动者不具有约束力。《劳动合同法》第80条规定，用人单位直接涉及劳动者切身利益的规章制度违反法律、法规规定的，由劳动行政部门责令改正，给予警告；给劳动者造成损害的，应当承担赔偿责任。

根据《劳动合同法》第40条之规定，劳动者不能胜任工作的，经培训或者调整岗位后仍不能胜任工作的，用人单位以书面形式提前30天通知或额外支付1个月工资，方可解除劳动合同，但不能据此认定为其严重违纪。此外，贸易公司将《内贸人员考核管理办法》作为公司业务员劳动合同附件，将"得分低于30分者，可解除劳动合同"作为约定解除劳动合同的情形，同样违反法律规定，归于无效。

（2）劳动者仲裁请求不当，权利救济受限。根据《劳动合同法》第48条规定，用人单位违反本法规定解除或者终止劳动合同，劳动者要求继续履行劳动合同的，用人单位应当继续履行；劳动者不要求继续履行劳动合同或者劳动合同已经不能继续履行的，用人单位应当依照本法第87条规定支付赔偿金。

本案中，贸易公司并没有对章女士进行培训或调整岗位，而是直接将章女士以严重违纪为由解除劳动合同，显然与法律规定相悖，系违法解除劳动合同。章女士可以主张恢复劳动关系或要求贸易公司支付二倍经济补偿金标准的赔偿金，而不是经济补偿金。

但是，由于章女士在提起劳动争议仲裁申请时选择了错误的仲裁请求事项，并没有主张赔偿金，仅要求单位支付经济补偿金和代通金。而事实上，要求单位支付经济补偿金和代通金并无法律依据。一审法院基于章女士只主张了经济补偿金，而推定章女士同意贸易公司提出的解除劳动合同意思而协商一致解除合同，也很牵强。二审法院则认定贸易公司系违法解除劳动合同，应当向章女士支付赔偿金，但由于章女士只主张了经济补偿金，才判决贸易公司承担支付最基本的经济补偿的责任，这也符合二审法院围绕当事人上诉请求的范围进行裁判的原则。

【案例4-6 外籍职工的劳动合同能否约定解除[①]】
【案情介绍】

谢某是加拿大国籍，2009年2月1日，谢某进入某贸易（上海）有限公司工作，公司与谢某签订了自该日起的无固定期限劳动合同，双方在合同中约定：谢某担任公司亚太区域的总经理。任何一方只要提前3个月通知对方，本合同即可无故解除。

2010年1月15日，公司向谢某发出解除劳动合同的通知，通知称公司对谢某的聘任将予以解除，且立即生效，公司愿意支付3个月的薪酬作为代通金。谢某认为自己和公司签订的是无固定期限劳动合同，不能说解除就解除，虽然合同中约定了提前3个月通知可以解除劳动合同，但是该约定不合理也不合法，虽然自己是加拿大国籍，但是自己在中国合法就业就应当受到中国法律的保护，与法律抵触的合同条款应当无效，公司对自己的劳动合同的解除属于违法解除。交涉无果，谢某委托律师向市劳动争议仲裁委员会提起了劳动争议仲裁，要求公司恢复自己的劳动关系并支付违法解雇期间的工资。

公司则认为，解除与谢某的合同是按照双方约定实施的，并不存在违法的情形，更何况公司由于经营上的原因已于2010年3月15日经董事会决定进行解散和清算，现在的公司由于提前解散，公司的大部分员工已经劳务派遣公司转聘至江苏公司工作，谢某要求恢复劳动关系客观上也不可能，因此对谢某的申诉请求不予同意。

仲裁庭经过审理后认为，公司与谢某的劳动合同并未约定支付3个月工资就可解除劳动关系，公司的做法缺乏依据，最终裁决支持谢某的申诉请求。公司不服，向区人民法院提起诉讼。法院经过审理后认为，公司应该恢复谢某的劳动关系至董事会做出决议解散公司之日并正常支付谢某这段时间的工资，因属客观情况发生重大变化导致的解除，公司应向谢某支付经济补偿金和因没有提前1个月通知解除的代通金。对

[①] 资料来源：2011年1月8日《劳动报》劳权周刊，承办律师：上海君拓律师事务所俞敏律师、钱剑娥律师。该案例刊登在上海市二中院发布的《二０一０劳动争议审判白皮书》中。

于一审判决，公司和谢某均不服并提起了上诉，日前，第二中级人民法院做出了维持原判的终审判决。

【案例分析】

本案是一起典型的用人单位按照劳动合同的约定解除外籍职工劳动合同而引发的争议案件，本案的争议焦点主要有以下两点：

（1）公司可否这样解除谢某的劳动关系？根据《劳动法》及《劳动合同法》的相关规定，劳动合同的解除方式分为三类，即用人单位单方解除、劳动者单方解除和双方协商一致解除。而对于用人单位的解除权法律是予以限制的，这包括用人单位单方解除必须符合法定条件、有一定的解聘程序规定、需支付经济赔偿金以及法定的禁止解聘情形等限制规定。而这些规定带有强制性色彩，劳资双方不能通过合同约定的方式来规避。如果约定解除条件违反法律规定，该约定就属无效。

不过，对于涉外劳动关系中的争议纠纷如何适用《劳动合同法》等相关法律的问题，在我国劳动立法中处于空白。由此，外国人与我国境内的用人单位缔结劳动关系的合同纠纷处理在不同地方就有两种不同的处理方式，一种是认可双方的约定，即有约定从约定，无约定遵法定；另一种则认为，与中国的用人单位建立合法聘雇关系的外国人，也是劳动法意义上的劳动者，应该遵守我国劳动法律规定。

本案中，且不说公司与谢某约定的解除条件是否违法，单就公司通知后即时解除合同的做法也与约定相违背，在谢某不予接受的情况下，公司的解除就没有依据。那么，公司与谢某的劳动合同约定的解除条件能否看作协商解除呢？根据劳动法的相关规定，经双方协商一致，可以解除劳动合同。但是该规定的所指的协商解除是指在合同履行过程中的协商解除，而不是事前的约定解除。因此，公司如此解雇谢某的做法，属于违法解除。

（2）谢某能否以公司违法解除为由要求恢复劳动关系并支付违法解除期间的工资？根据劳动法的相关规定，对于用人单位的违法解除，劳动者有权选择要求支付双倍的经济补偿金或者恢复劳动关系。既然本案中的公司对谢某单方面解除劳动合同的理由不成立，那么谢某要求公司恢复劳动关系并支付恢复前的工资的要求符合法律规定。但是基于公司经营发生严重困难并存在准备解散的事实，法院从公平的角度考虑，认为谢某的劳动关系应该恢复至公司董事会决议解散公司之日，公司也应支付谢某的工资至该日。由于公司解散，导致双方的劳动合同所依据的客观情况发生重大变化，双方之间的劳动合同无法继续履行，故公司此时可以解除谢某的劳动合同，但是应该依法支付解除合同的经济补偿金及因没有提前一个月通知解除的代通金。

第四节　劳动合同终止中的风险及防范

劳动合同终止是指劳动合同的法律效力依法被消灭，亦即劳动合同所确立的劳动关系由于一定法律事实的出现而终结，劳动者与用人单位之间原有的权利和义务不复存在。

一、劳动合同终止的情形

根据《中华人民共和国劳动合同法》及《中华人民共和国劳动合同法实施条例》相关规定,有下列情形之一的,劳动合同终止:

(1) 劳动合同期满的;
(2) 劳动者开始依法享受基本养老保险待遇的;
(3) 劳动者死亡,或者被人民法院宣告死亡或者宣告失踪的;
(4) 用人单位被依法宣告破产的;
(5) 用人单位被吊销营业执照、责令关闭、撤销或者用人单位决定提前解散的;
(6) 自用工之日起一个月内,经用人单位书面通知后,劳动者不与用人单位订立书面劳动合同的,用人单位应当书面通知劳动者终止劳动关系;
(7) 用人单位自用工之日起超过一个月不满一年未与劳动者订立书面劳动合同的,有证据证明是劳动者不与用人单位订立书面劳动合同的,用人单位应当书面通知劳动者终止劳动关系;
(8) 劳动者达到法定退休年龄的,劳动合同终止;
(9) 以完成一定工作任务为期限的劳动合同因任务完成而劳动合同终止;
(10) 法律、行政法规规定的其他情形。

对于劳动合同期满终止的情形,《劳动合同法》第45条规定了例外情形,即劳动合同到期应当续延至相应情形消失时方可终止。主要包括:

(1) 从事接触职业病危害作业的劳动者未进行离岗前职业健康检查,或者疑似职业病病人在诊断或者医学观察期间的;
(2) 患病或者非因工负伤,在规定的医疗期内的;
(3) 女职工在孕期、产期、哺乳期的;
(4) 在本单位连续工作满十五年,且距法定退休年龄不足五年的;
(5) 在本单位患职业病或者因工负伤并被确认丧失或者部分丧失劳动能力的,但是,部分丧失劳动能力劳动者的劳动合同的终止,应当按照工伤保险的有关规定执行;
(6) 法律、行政法规规定的其他情形。

二、劳动合同终止中的风险及防范

用人单位在劳动合同终止操作过程中常见的风险如下:

(1) 用人单位和劳动者约定终止情形,这种做法名为终止实为解除,所以此做法法律定性为违法解除,用人单位需要向劳动者承担赔偿责任;
(2) 劳动合同虽然期满终止但存在法定顺延的情形,而用人单位依然与劳动者终止劳动合同,构成违法解除劳动合同。劳动者有权要求继续履行劳动合同的,也可以要求用人单位支付双倍的赔偿金。

针对上述风险,用人单位可以采取下列措施加以防范:

(1) 用人单位终止劳动合同时应当审查是否存在合同应当续延的情形,如果有应

当顺延至相应的情形消失时终止;

(2) 取消约定终止情形的条款;

(3) 无论何种方式的终止均应采取书面形式终止协议结算完毕工资、经济补偿金等费用,以免后续争议的产生。

三、相关案例

【案例4-7 女职工可以被迫提前退休吗?①】

【案情介绍】

李女士是1982年全国重点大学本科毕业,最高学历为MBA硕士,并有工程师职称。90年代初就以干部商调的方式进入一家著名的证券公司工作至今已有十几年。在公司里李女士先后几次被聘为几个部门的经理。在工作上李女士一直勤勤恳恳,任劳任怨,这也给她带来了丰厚的工资和奖金回报。

2008年,李女士和公司续签了无固定期限劳动合同,被聘为审计师。可签订合同后没有几个月,公司要求李女士办理退休手续。李女士很疑惑,自己刚刚50周岁,自己的人事档案也为干部履历,并一直在公司里做经理职务和技术岗位,公司为什么会提前要求她办退休?李女士找公司人事部门沟通,被告知公司是根据公司内部的退休退养管理规定来执行的。但李女士认为,该规定是公司内部的制度,法律规定女干部应当55周岁退休,公司的规定不应该跟国家法律法规相违背。可协商沟通没有解决问题,几天后公司突然再次发出通知,强行停止了李女士的一切工作,要求其办理退休手续。李女士见几次与公司沟通,都没有结果。无奈之下申请了劳动仲裁,要求恢复劳动关系,继续履行原来的劳动合同。本案从仲裁打到法院,现法院一审已审结,判决支持了李女士的诉请。

【案例分析】

近年来,女职工被迫提前退休引发的劳动争议已屡见不鲜。本案是一个典型的关于女职工退休年龄引发的案件,对于这类案件最直接最有利的救济方式就是申请劳动仲裁要求恢复劳动关系,继续履行劳动合同。

退休年龄问题是女职工最关心、最直接、最现实的利益问题之一,现实中,女职工被迫提前退休引发劳动争议的案件已屡屡发生,原因就在于,一些企业往往根据自己单位的一些规定要求女职工提前退休。本案中,公司认为其内部规定明确:女职工年满50周岁,被聘请为公司专家或担任公司中层以上经营管理人员职务的女职工,经批准可以放宽到55周岁。而有的企业对岗位性质的认定也存在很大的随意性,某一岗位是否属于管理、专业技术岗位由个别人说了算,从而造成女职工的退休年龄由个人说了算的情况;有的企业则在女性管理、专业技术人员接近50周岁时有时随意将其调整到工人岗位,从而达到使其50岁退休的目的。

本案中,公司要求李女士退休的依据是公司规定而非法律规定,而该公司对于女

---

① 资料来源:2009年12月19日《劳动报》劳权周刊,承办律师:上海君拓律师事务所俞敏律师、温明律师。

职工55岁退休的标准是明显小于法律所规定的范畴。且不说李女士的人事档案中已经明确其为干部身份，而且是以干部商调的方式进入公司，单就企业中女职工是否从事管理和技术岗位这一判断退休年龄的标准来看，公司的规定就是不妥当的。虽然我国目前法律层面尚未对管理、技术岗位做出明确的界定，但是否属于该种岗位应当符合一般的社会认知和常理。本案中，李女士被聘任的岗位为审计师，而审计师所隶属的审计部门本身就具有企业管理职能，这从庭审中提供的证据公司的组织结构网页资料中也可以明确，公司是将审理部门列为管理部门的。另外，从一般的常识可知，审计师的工作内容是具有较强专业技术性的，需要具备一定的职业资质和专业能力才可以胜任的。因此，无论是从干部身份、管理岗位还是技术要求，李女士都符合国家法律所规定55岁退休的条件。法院因此也支持了她的诉请。

强迫女职工提前退休，这一行为不仅侵害了女职工的法定劳动权益，造成了人力资源的浪费，同时还加剧了社会保险的收支矛盾，对社会保障体制形成一定的冲击。因此，在女职工退休的问题上，企业不仅要依法行事，最好由政府有关部门出台文件规范界定社会公众认可的企业管理、专业技术岗位，作为女职工退休年龄认定的依据。当然，企业内部的集体协商将此纳入其中也是有效做法。

【案例4-8 医疗期内终止合同 单位需为违法埋单[①]】

【案情介绍】

2007年11月21日，汪某与上海某劳务派遣单位签订了为期一年的劳动合同，期限至2008年11月20日止，并约定将汪某派遣至美国某某有限公司上海代表处工作，劳动报酬由代表处直接支付给汪某，代表处与汪某约定其每月工资为25700元。

2008年11月12日，汪某通过电子邮件方式告知代表处，其需住院接受痔疮手术，代表处回复同意其治病，并于次日派人前往医院探望。汪某于12月5日治愈出院，医生建议需继续休息三周。2008年11月18日，代表处向劳务派遣单位发出《派遣员工退回通知书》，称其与汪某的合同期限满后，将汪某退回劳务派遣单位，不再续用，并注目汪某"目前痔疮开刀住院中"，同时还称汪某不存在"在规定的医疗期内"的情形。

2008年11月20日，劳务派遣单位出具《退工证明》，终止了与汪某的劳动关系。因劳务派遣单位书写地址出现错误，汪某于12月16日收到退工单。汪某认为自己尚处于医疗期内，劳务派遣单位属于违法终止合同，于是提起劳动争议仲裁，要求劳务派遣单位支付违法终止劳动合同的赔偿金。仲裁委员会认为汪某主张劳务派遣单位违法终止合同，依据不足，不予支持。汪某起诉至法院，法院认定，劳务派遣机构终止合同违法，支持了汪某的诉请。

【案例分析】

这是一起典型的劳务派遣合同纠纷案，本案涉及劳务派遣单位、用工单位和劳动者三方，仲裁委员会与法院作出不同的裁决，争议焦点在于劳动者医疗期的举证责任，

[①] 资料来源：2009年9月19日《劳动报》劳权周刊，承办律师：上海君拓律师事务所李华平律师。

合同到期出现顺延情形，违法终止合同的法律后果等问题。

（1）劳动者是否处于"规定的医疗期内"，应当由谁承担举证责任？本案中，汪某的劳动合同于2008年11月20日期满，而汪某从11月12日至12月5日在住院期间，是否属于在"规定的医疗期内"呢？仲裁委员会认为，代表处虽然告知劳务派遣单位汪某"目前痔疮开刀住院中"这一事实，但同时又称汪某不存在"在规定的医疗期内"的情形，因此没有证据证明劳务派遣单位在终止合同时知晓汪某是处于医疗期内，双方劳动合同到期，劳务派遣单位终止劳动合同并无不妥。实际上，仲裁委员会要求汪某来履行证明自己"在医疗期内"，并证明劳务派遣单位是知晓这一情况的举证义务，属于举证责任分配错误。出现劳动者尚在生病治疗过程中的情形，是否属于医疗期届满，能否解除或终止劳动合同，不应当由劳动者来承担举证责任，根据《解释四》之规定，解除劳动合同的举证责任在用人单位。用人单位应当来举证劳动者存在超过规定的医疗期情形可以解除或终止合同。另外，劳务派遣单位不能因为代表处称"汪某"不存在"在规定的医疗期内"的情形，而未尽审核义务就草率地终止汪某的劳动合同。用人单位未能证明劳动者已经请过病假，超过"规定的医疗期"的，就不得以其医疗期满而解除或终止劳动合同。用人单位举证不能，应承担不利的法律后果。法院采信了这一观点，认定劳务派遣机构未尽审核义务，属于违法终止。

（2）劳动合同期满，具有法定顺延情形未顺延，终止合同应承担怎样的法律后果？根据《劳动合同法》第45条的规定，劳动合同期满，有本法第42条规定情形之一的，劳动合同应当续延至相应情形消失时终止。本案中，汪某的法定顺延情形消失的时间为出院后休息三周届满，即2009年12月26日。劳务派遣单位在此期间终止劳动合同，属于违法终止合同行为。根据《劳动合同法》第48条之规定，用人单位违反本法规定解除或者终止劳动合同，劳动者要求继续履行劳动合同的，用人单位应当继续履行；劳动者不要求继续履行劳动合同或者劳动合同已经不能继续履行的，用人单位应当按照本法第87条规定支付赔偿金。劳务派遣单位违法终止合同，汪某可选择劳动关系恢复至2009年12月26日，要求劳务派遣单位支付恢复期间的工资，并主张合同到期不续签的经济补偿金，又可选择不恢复劳动关系，而选择其劳务派遣单位支付赔偿金。汪某选择了要求支付赔偿金，因其每月工资为25700元，高于本市上年度职工月平均工资的3倍的封顶数额，最后法院判决劳务派遣单位按照本市上年度职工月平均工资的3倍的封顶数的2倍这一标准来支付汪某赔偿金。

第五节　迟延退工的风险及防范

一、用人单位的退工义务

使用员工需要办理招退工手续，是用人单位依法应当履行的义务。根据《劳动合同法》第50条的规定，用人单位在劳动合同解除或终止时主要负有以下退工义务：

（1）用人单位应当在解除或者终止劳动合同之日时出具解除或者终止劳动合同的证明。《劳动合同法实施条例》第 24 条进一步明确，用人单位出具的解除、终止劳动合同的证明，应当写明劳动合同期限、解除或者终止劳动合同的日期、工作岗位、在本单位的工作年限。

（2）用人单位应当在解除或者终止劳动合同之日起 15 日内为劳动者办理档案和社会保险关系转移手续。

（3）用人单位依照本法有关规定应当向劳动者支付经济补偿的，在办结工作交接时支付。

（4）用人单位对已经解除或者终止的劳动合同的文本，至少保存 2 年备查。

二、用人单位迟延退工的法律责任

根据《劳动合同法》第 89 条的规定，用人单位违反本法规定未向劳动者出具解除或者终止劳动合同的书面证明，由劳动行政部门责令改正；给劳动者造成损害的，应当承担赔偿责任。

如果用人单位在解除或者终止劳动关系后未及时出具退工证明或办理退工手续会给劳动者造成损失，包括影响员工领取失业救济金的损失，还有就是导致员工无法正常就业的损失。无论何种损失，对用人单位来说不仅违反了法律规定而且还会给用人单位造成巨大的经济损失和名誉损失。实践中有些用人单位经常用此种手段来刁难离职员工实在不可取。

为了避免上述风险产生，用人单位应当做到以下几点义务：

（1）在解除或终止员工劳动合同时要及时办理退工手续和转移档案、社保关系；

（2）在劳动合同和规章制度中要约定好工作交接的时间、程序、方式和逾期不交接的责任。

（3）做好合同和文本的保管工作，便于举证。

三、相关案例

【案例 4-9 办理退工需及时，延迟退工要赔偿①】

【案情介绍】

肖某于 2009 年 8 月 1 日进入上海某广告有限公司从事广告策划工作，月薪 6000 元，双方签订了为期一年的劳动合同，劳动合同到期后，双方又续订了一份一年期劳动合同。2010 年 10 月肖某获悉同行某知名广告公司正在招聘，于是前往面试，并面试成功。随后，肖某于 11 月 15 日向公司提出辞职，并告知公司其将于 30 天后离职，公司再三挽留肖某，但肖某去意已决，30 天期满后，肖某办理了工作交接，离开了

---

① 资料来源：http://blog.163.com/lawyer_lijun/2011 年 7 月 13 日，承办律师：上海君拓律师事务所李军律师。

原公司到新公司报到，并与新公司签订了劳动合同并约定薪水10000元，新公司要求肖某一周内提供退工单或劳动关系解除的证明。肖某联系原公司希望公司尽快办理退工手续，但原公司一直拖延未予办理，一个月后，新公司因肖某迟迟无法提供退工单或劳动关系解除的证明，无法为肖某办理招录用手续，最终决定不予录用肖某，双方只能解除劳动合同。肖某认为原公司做法侵害其合法权益，遂申请劳动仲裁要求原公司为其办理退工手续并按10000元月工资标准赔偿因迟延退工给其造成的损失。此案肖某委托上海专业劳动法律师李军代理，经过开庭审理，劳动人事争议仲裁委员会全部支持了肖某的仲裁请求。

【案例分析】

本案中肖某遇到的问题，在劳动用工中比较常见。部分用人单位以为可以通过不办理退工、延迟退工或者办理了退工单但迟迟不将退工证明交付给劳动者等方式为难、刁难离职员工，导致劳动者无法重新就业。其实，办理退工手续是劳动关系解除或终止时用人单位的法定义务，用人单位拒绝办理或拖延办理都是不合法的，也将面临很大风险。由此产生的劳动争议屡见不鲜。

《劳动合同法》第50条规定，用人单位应当在解除或者终止劳动合同时出具解除或者终止劳动合同的证明，并在15日内为劳动者办理档案和社会保险关系转移手续。

用人单位不及时为劳动者办理退工手续，需要承担因此造成的不利的法律后果。根据上海市劳动和社会保障局关于实施《上海市劳动合同条例》若干问题的通知（二）的规定，劳动合同关系已经解除或者终止，用人单位未按《条例》规定出具解除或者终止劳动合同关系的有效证明或未及时办理退工手续，影响劳动者办理失业登记手续造成损失的，用人单位应当按照失业保险金有关规定予以赔偿；给劳动者造成其他实际损失的，用人单位应当按照劳动者的请求，赔偿其他实际损失，但不再承担法定失业保险金的赔偿责任。从上述规定可以看出，用人单位未按规定办理退工给劳动者的损失赔偿分为两种情况：（1）造成劳动者无法办理失业登记手续的，用人单位按照失业保险金的标准进行赔偿；（2）给劳动者造成其他实际损失的，用人单位应当赔偿实际损失。比如，因用人单位未及时办理退工手续，导致劳动者无法获得新的工作所造成的收入损失。

本案中，原公司未按规定为肖某办理退工手续，导致肖某无法被新的用人单位录用，进而失去了新的工作，对此，原公司有赔偿损失的责任。因此，劳动争议仲裁委员会依法裁决原公司立即为肖某办理退工手续并按每月10000元工资的标准赔偿肖某损失直至将退工证明给付肖某为止。

（1）依法及时办理退工手续，是用人单位的法定义务，此义务不附带任何附加条件。

（2）建议用人单位聘请专业劳动法律师帮助公司健全规章制度、规范用工行为，加强HR人员劳动法实务方面的法律知识，降低和规避用工风险。

（3）聘请专业律师做公司常年法律顾问，提供专项劳动人事法律顾问服务。

【案例 4-10　个人提出解除劳动合同单位拒绝办理相关手续违法[①]】

【案情介绍】

小张是某有限责任公司的技术骨干，入职时与单位签订了两年期限的劳动合同。一年后，小张为更好地谋求发展准备跳槽，并提前30日以书面形式向用人单位提出解除劳动合同。由于小张是公司的技术骨干，因此公司以加薪、提高其他福利待遇等方式极力挽留，但小张不为所动，30日后自行离职。公司遂以劳动合同期未满和小张未完成工作交接为由，拒绝为小张开具解除劳动合同的证明和办理档案和社会保险关系转移手续。为此，小张与用人单位交涉近一个月未果，于是向西城区劳动监察部门投诉。

用人单位不为小张开具解除劳动合同的证明和办理档案及社会保险关系转移手续的行为违反了《劳动合同法》第50条的规定。依据《劳动合同法》第84条规定用人单位违反本法规定，以担保或者其他名义向劳动者收取财物的，由劳动行政部门责令限期退还劳动者本人，并以每人500元以上2000元以下的标准处以罚款；给劳动者造成损害的，应当承担赔偿责任。劳动者依法解除或者终止劳动合同，用人单位扣押劳动者档案或者其他物品，依照前款规定处罚，西城区劳动监察部门责令该公司在5日内向小张出具解除劳动合同的证明和办理档案和社会保险关系转移手续，并对公司进行1000元行政处罚。

【案例分析】

在本案中，公司不为小张出具解除劳动合同的证明和办理档案转移手续的做法是不对的。

首先，法律赋予了劳动者解除劳动合同的单方预告权利。根据《劳动合同法》第37规定，劳动者提前30日以书面形式通知用人单位，可以解除劳动合同……小张通过书面形式且提前30日通知单位解除劳动合同是合法的，30日后双方劳动关系自动终止，不受劳动合同期限的限制，也无须征得单位的同意。单位虽然并无过错，但不能因劳动合同未到期而阻止劳动者解除劳动合同。

其次，虽然劳动者和用人单位之间的权力义务关系随着劳动合同的解除、终止而消失，但是基于诚实守信的原则，双方还必须履行各自的附属义务，即《劳动合同法》第50条的规定，用人单位应当在解除或者终止劳动合同同时出具解除或者终止劳动合同的证明，并在15日内为劳动者办理档案和社会保险关系转移手续。劳动者应当按照双方约定，办理工作交接……用人单位为劳动者转出档案、办理社会保险关系转移手续，向劳动者开具解除或终止劳动合同的证明，是用人单位在劳动合同终止或解除后应当履行而且是具有强制性的法定义务。即使劳动者没有完成工作交接，用人单位也不能因此拒不办理档案移交等手续。

最后，单位不出具解除劳动合同证明和办理档案转移等手续，限制了劳动者的人身自由和择业自由权。因此，本案中用人单位不为劳动者出具解除和终止劳动合同的证明、不为劳动者办理档案和社会保险关系转移手续是违反劳动法律规定的。

[①] 资料来源：北京市人力资源和社会保障网，2008年12月28日。

第五章　休息休假、工资支付中的风险及防范

第一节　休息休假管理中的风险及防范

一、劳动者休息休假类型

劳动者享有休息的权利是我国宪法和劳动法赋予劳动者的基本权利之一，《劳动法》以及相关条例也对休息休假做出了规定。归纳起来，劳动者可享受的休息休假类型如下：

（一）日休权

日休权，是指劳动者在每昼夜（24小时）内，除工作时间外，由自己支配的时间。《国务院关于职工工作时间的规定》规定，职工每日工作8小时、每周工作40小时。在特殊条件下从事劳动和有特殊情况，需要适当缩短工作时间的，按照国家有关规定执行。因工作性质或者生产特点的限制，不能实行每日工作8小时、每周工作40小时标准工时制度的，按照国家有关规定，可以实行其他工作和休息办法。任何单位和个人不得擅自延长职工工作时间。因特殊情况和紧急任务确需延长工作时间的，按照国家有关规定执行。

（二）周休权

周休权，指劳动者在一周（7天）内，享有连续休息在一天（24小时）以上的休息时间。《劳动法》第38条规定，用人单位应当保证劳动者每周至少休息一日。《国务院关于职工工作时间的规定》第7条进一步明确，国家机关、事业单位实行统一的工作时间，星期六和星期日为周休息日。企业和不能实行前款规定的统一工作时间的事业单位，可以根据实际情况灵活安排周休息日。

（三）法定节假日休假

法定节假日是指根据国家法律统一规定的，劳动者全部或部分不从事生产或工作的

时间。国务院发布的《全国年节及纪念日放假办法》对此有专门规定。其中规定全体公民放假的节日及天数包括：新年，放假1天（1月1日）；春节，放假3天（农历正月初一、初二、初三）；清明节，放假1天（农历清明当日）；劳动节，放假1天（5月1日）；端午节，放假1天（农历端午当日）；中秋节，放假1天（农历中秋当日）；国庆节，放假3天（10月1日、2日、3日）。部分公民放假的节日、纪念日及天数包括：妇女节（3月8日），妇女放假半天；青年节（5月4日），14周岁以上的青年放假半天；儿童节（6月1日），不满14周岁的少年儿童放假1天；中国人民解放军建军纪念日（8月1日），现役军人放假半天。少数民族习惯的节日，由各少数民族聚居地区的地方人民政府，按照各该民族习惯，规定放假日期。另规定，全体公民放假的假日，如果适逢星期六、星期日，应当在工作日补假。部分公民放假的假日，如果适逢星期六、星期日，则不补假。

（四）带薪年休假

指劳动者连续工作1年以上，每年享有带薪休假的时间，年休假期间享受与正常工作期间相同的工资收入。《职工带薪年休假条例》规定了年休假的时间，职工累计工作已满1年不满10年的，年休假5天；已满10年不满20年的，年休假10天；已满20年的，年休假15天。国家法定休假日、休息日不计入年休假的假期。职工也有不能享受当年年休假的情形：（一）职工依法享受寒暑假，其休假天数多于年休假天数的；（二）职工请事假累计20天以上且单位按照规定不扣工资的；（三）累计工作满1年不满10年的职工，请病假累计2个月以上的；（四）累计工作满10年不满20年的职工，请病假累计3个月以上的；（五）累计工作满20年以上的职工，请病假累计4个月以上的。

（五）其他休假

除上述列举的休息休假类型外，劳动者可以根据自己的具体情况享受婚假、丧假、产假、病假以及其他事假，等等。

二、休息休假管理中的风险防范

每个企业都会有自己的休假管理制度，关于考勤奖罚、请假与休假办理、考勤统计等各企业的情况也不一样。但制度的是否完善、操作得是否规范和合法是其法律风险主要的根源。如何规避这些风险，建议用人单位采取以下防范措施：

（一）建立健全考勤、休假规章制度

（1）制定企业的工作休息规章制度：明确员工的作息时间；明确违纪的处罚规定；明确加班、调休等的申请和补偿办法；明确事假、病假的请假手续及工资扣发规定，等等。

（2）相关规章制度制定要符合法定的民主协商和公示程序，否则不合法且对员工也没有约束力。

（二）严格加班审批管理

企业不能强迫劳动者加班，否则应承担相应法律责任。但也要防止无效加班的泛滥存在，这会加重用人单位的用工成本。所以建立关于加班申请、批准、备案的制度，对杜绝无效加班和控制用工成本至关重要。

（三）关于处理年休假纠纷

《职工带薪年休假条例》和《企业职工带薪年休假实施办法》规定的"连续工作满一年"包括职工在同一单位和不同用人单位之间的连续工作时间，年休假天数也是根据职工的累计工作时间确定的，而不是以本单位的工作年限计算。所以，新入职员工当年年休假可折算出时间，不足一整天的不享受。年假休假应该是用人单位主动安排再考虑员工的意愿，如果公司安排了，员工本人不愿意休息，这种情况可以不给员工未休年休假的补偿，所以企业要保留相关证据。

第二节 工资支付中的常见风险及防范

员工的工资，是员工在履行劳动合同中一项最基本也是最重要的权利。根据国家统计局1990年颁布的《关于工资总额组成的规定》，工资总额包括计时工资、计件工资、奖金、津贴和补贴、加班加点工资、特殊情况下支付的工资。其中特殊情况下支付的工资一般包括履行国家和社会义务期间的工资，婚、丧等事假工资，探亲假工资，停工期间的待遇，职工半脱产学习期间的工资，伤、病、产假工资，年休假工资，附加工资和保留工资等。

工资支付是企业用工过程中极为重要的环节，关系到员工的重大权益和企业的用工成本，是最容易发生劳动争议的风险点。用人单位不支付、不足额支付工资都将给企业带来法律风险。结合现行法律和实践，建议用人单位注意把握以下风险防范要点：

一、员工工资应按时足额支付

《劳动法》第50条规定，工资至少每月支付1次，实行周、日、小时工资制的可按周、日、小时支付工资。《劳动合同法》第72条规定，非全日制用工劳动报酬结算支付周期最长不得超过15日。

按月或按时支付工资是用人单位的一项基本义务。很多用人单位均规定当月支付上个月或当月工资，基本上属于合理现象。但如果中间隔了1个月才支付或者先支付部分工资剩余的以后再付的行为却明显有故意拖欠工资之嫌，容易产生纠纷实不可取。

二、遇节假日或休息日，应提前支付

《工资支付暂行规定》第7条规定，工资必须在用人单位与劳动者约定的日期支付。

如遇节假日或休息日应提前支付，否则就变成延期支付工资了，这属违法行为。

三、员工每月工资扣款不得超过当月工资的 20%

《工资支付暂行规定》第 16 条规定，因劳动者本人原因给用人单位造成经济损失的，用人单位可按照劳动合同的约定要求其赔偿经济损失。经济损失的赔偿，可从劳动者本人的工资中扣除。但每月扣除的部分不得超过劳动者当月工资的 20%。若扣除后的剩余工资部分低于当地月最低工资标准，则按最低工资标准支付。

四、以货币形式支付工资

《工资支付暂行规定》第五条规定，工资应当以货币支付，不得以实物及有价证券替代货币支付。可以现金或银行转账方式发放，但无论以何种方式发工资均应向员工发放工资清单，让员工知晓其工资的具体组成，以便员工及时提出异议。

五、每月工资确认程序

工资争议案件占劳资纠纷的主要部分，包含了提成工资、奖金、加班工资等，基于用人单位的特殊地位，很多举证义务都由用人单位承担。实务中关于劳动报酬支付争议，很多单位之所以败诉，并不在于其没有理由，而在与这些理由未能提供足够的证据。所以，在每月或每季度或每年度与员工签署一份工资发放无误的确认书，从而彻底性了解一切日后潜在的纠纷风险，最大限度地预防和控制风险。

第三节　与休息休假、工资支付相关的典型案例

【案例 5-1　能否扣职工提成抵充未收回货款[①]】
【案情介绍】
赵女士于 2003 年 6 月进入一家建材公司担任销售员，当时公司没有规章制度，劳动报酬约定为底薪加提成。但在 2003 年末单位主管临时宣布公司有《销售员经济指标责任制》，其中规定"销售额全部入账的，提成 80%，20% 作为风险金，风险金在销售员离开公司前完成工作材料移交之日起 7 日内发还"。同时，单位在劳动合同中又约定"乙方（销售员）在终止或解除劳动合同后半年内未能收回经办业务的货款，甲方（单位）有权将乙方的风险质押金抵作未能收回的货款，直至乙方收回经办业务的所有货款后，甲方才将风险质押金支付给乙方。如乙方收回的货款超过销售

---

① 资料来源：上海劳动法律顾问网，2011 年 8 月 13 日《劳动报》劳权周刊，承办律师：上海君拓律师事务所戊双双律师。

合同约定的期限，甲方可用乙方的风险质押金补偿甲方的利息损失。乙方的应收账款不能正常催讨，需通过法律途径解决，实现债权的费用由乙方承担"。

2009年3月，赵女士向单位递交辞职报告，因单位拒绝办理退工手续，赵女士申请劳动仲裁要求单位办理退工手续，同时要求单位返还预先扣留的销售提成，以及因账款超期未入账而被扣留的金额。但审理本案的仲裁人员单纯以单位内部的规章制度为依据，除裁决单位办理退工手续外，驳回了赵女士的其他仲裁请求。为了能在法院扭转败局，赵女士向法院起诉后专门委托律师参与诉讼。

双方当事人在法院庭审过程中一致确认，单位从2003年至2009年底总计扣留赵女士的提成（风险质押金）约7万元，因应收账款超期未入账从风险质押金中抵扣利息损失的金额约4万元。在查明上述事实的基础上，法院支持了赵女士的所有诉请，判决单位返还扣留赵女士的提成，返还因账款超期扣除的金额。

【案例分析】

本案是一起因用人单位未及时足额支付劳动者销售提成，同时用预先扣留的提成补偿应收账款利息损失而引发的劳动合同纠纷案例，本案主要涉及劳动报酬的支付、经济损失的赔偿两大问题，主要争议焦点有以下两点：

（1）单位预先扣留赵女士20%的销售提成作为风险质押金，此做法是否具有合法性？赵女士认为，双方在书面劳动合同中约定了工资由底薪和提成两部分组成，但公司却未经员工同意，强行从员工应得销售提成中扣留20%作为风险质押金，违背合法、自愿原则。公司应予以返还。公司则认为，之所以这么做，是为了防范销售员和客户串通起来，损害公司的利益。公司依据的是《销售员经济指标责任制》，况且双方也在劳动合同中做出了相关约定，如果劳动者对公司的做法有异议，也不应等到离职后再要求。公司认为风险质押金的性质属于附条件的业务提成奖金，该条件是"销售额全部入账"，条件未成就时，公司有权不予发放。那么，本案中公司是否有权单方面预先从赵女士的提成中扣留20%作为风险质押金呢？根据国家统计局发布的《关于工资总额组成的规定》第4条和第6条的规定，提成从性质上属于计件工资，是劳动者应得劳动报酬的重要组成部分。按照我国《劳动法》第50条、《劳动合同法》第9条、第30条等相关规定，单位应当及时足额支付劳动报酬，不得克扣或者无故拖欠劳动者的工资，不得要求劳动者提供担保或以其他名义向劳动者收取财物。由此可知，公司的上述做法属于违法行为，也正因如此，法院支持了赵女士要求返还风险质押金的请求。

（2）单位能否因货款超期未入账为由，用赵女士的提成赔偿相应利息损失？对于货款超期未入账问题，赵女士陈述自己经办的每笔业务都会将原合同文本交给公司，公司有能力自己催讨货款，况且货款未能及时入账，本身属于客户的违约行为，自己没有义务替客户承担相应利息损失。公司则认为，协助催讨货款本身就是销售员的义务，如果说收款问题与销售员毫无关系的话，将严重违反公平原则。那么，单位能否在货款未到账时，用销售员的提成来弥补利息损失呢？法院经过审理后认为，货款催讨问题属于企业经营活动中产生的商业风险，用人单位将催讨货款的责任全部加诸劳动者属于转嫁经营风险,此举有违相关劳动法律的规定。此外,单位这种单方面免除自己责任,加重劳动者责任的行为同样违背劳动合同签订的公平、自愿原则,属于侵犯劳动者合法权益的行为,相关的规章制度与劳动合同条款内容应为无效。故法院因此判决公司应返还赵女士因账款超期扣除的金额。

通过对上述案例的简要分析,笔者建议用人单位在制定和实施内部规章制度以及与劳动者签订书面劳动合同过程中,应仔细斟酌有关条款,一旦发现违法或侵犯劳动者合法权益的情形,应尽早修改和完善,从而避免日后承担不应有的损失。

【案例5-2 超时加班是事实,缘何难讨加班费[①]】

【案情介绍】

周某于2007年6月1日进入某集团股份有限公司上海分公司工作,和公司签订了为期2年的劳动合同,约定工作岗位为物流计划员,月工资为3000元。由于公司业务特别繁忙而且人手又少,周某经常需要加班。平日周某需要每天加班4小时,周六也需要上班8个小时,在繁重的工作压力和精神压力下,周某觉得身心疲惫,于是决定辞职,并向公司提出要求支付上班一年多来的加班工资,可是公司却一口拒绝了周某的要求,理由是周某并不能提供加班的证据。在与公司多次协商未果的情况下,周某向公司所在地的仲裁委员会申请了劳动仲裁,并提出了以下申诉请求:要求单位支付2007年6月1日至2008年5月31日期间的加班工资及25%的经济补偿金;要求单位支付双休日的加班工资及25%的经济补偿金;要求单位支付解除劳动关系的经济补偿金。

在审理过程中,单位表示周某不能提供经公司确认的加班记录,因此不同意支付加班工资;周某是因个人原因主动提出辞职,因此也不存在支付经济补偿金的问题。

日前,该案已经审结。仲裁庭经过审理认为,周某未能提供充分有效的证据证明加班,也未能提供证据证明辞职的原因是单位的过错在先,因此周某要求单位支付加班工资及经济补偿金的要求证据不足,于是根据相关法律法规作出了对周某申诉请求不予支持的裁决。

【案例分析】

本案是劳动者超时加班后向用人单位索要加班工资却因为证据不足而没有得到法律支持的典型案例,其败诉的原因具有普遍性。该案例中的周某虽然长期超时加班,但是由于不能提供充分有效的证据最终没有得到仲裁的支持。通过对本案的分析,希望能对劳动者在加强证据的收集和保留及增强自身法律意识方面能有所帮助,同时也希望用人单位能规范用工,尊重劳动者的辛勤劳动。

该案的争议焦点是周某是否具有加班的事实,这需要证据来加以证明。根据《解释四》第13条之规定,因用人单位做出的开除、除名、辞退、解除劳动合同、减少劳

[①] 资料来源:上海劳动法律顾问网,2008年8月30日《劳动报》劳权周刊,承办律师:上海君拓律师事务所钱剑娥律师。

动报酬、计算劳动者工作年限等决定而发生的劳动争议，用人单位负举证责任。但是对于加班工资的主张的举证责任并没有确定为用人单位，那么就需要按照民事诉讼法中谁主张谁举证的原则来确定。既然周某在申诉请求中要求单位支付加班工资，那么就必须对加班的事实承担举证责任。

庭审中，周某称自2007年6月1日至2008年5月31日期间，每天超时加班4小时，每周有一个双休日加班，而公司却未支付加班工资，并提供一张2008年4月20日的"货物运输装载单"来证明自己加班。而公司却对周某的加班不予认可，称加班需经部门经理审批，填写加班申请单，并提供了"加班管理制度"及"加班申请单"，公司同时提供了周某2007年6月至2008年5月的考勤表，证明周某不存在超时加班及双休日加班。周某对公司提供的上述证据不予认可，但是未能提供其他相关证据予以反证。也正因如此，仲裁庭认为周某主张加班工资的证据不充分，因此对周某要求支付加班工资的申诉请求没有支持。

由于周某要求公司支付加班工资的请求没有得到支持，周某提出辞职要求经济补偿金的要求也就缺乏了事实依据和法律依据，更何况周某在辞职信上写明的辞职原因也只说明是因个人原因，因此仲裁庭也没有支持周某的该项请求。

周某长期超时加班，但是由于他法律知识的缺乏和维权意识、证据意识的淡薄，要求单位支付加班费的申诉请求最终却没有得到仲裁庭的支持，这不能不让人感到有点痛心和遗憾。通过本案，我们想对劳动者提个醒，案子胜诉的成败的关键是证据，要想通过法律途径来维护自己的合法权益的话，一定要注意证据的收集和保留，特别是要主张加班工资的话要注意以下几点：

（1）一般情况下，用人单位不得强迫劳动者加班，用人单位确因生产经营需要，经与工会和劳动者协商后可以延长工作时间，一般每日不得超过1小时；因特殊原因需要延长工作时间的，在保障劳动者身体健康的条件下延长工作时间每日不得超过3小时，但是每月不得超过36小时。因此，对于严重超时加班，劳动者可以拒绝，也可以向劳动监察部门投诉。

（2）若经公司安排加班，需要保留加班的证据，加班可以通过考勤卡或者其他工作记录等证据来确定，但是必须经用人单位的相关部门或者主管领导的书面确认，若书面确认有难度的话也可以进行录音来保留证据，否则仅仅是劳动者自己提供的加班日记或者工作记录是不足以为据的，仲裁庭或法院也不会采信。

（3）加班工资的计算基数有约定的从约定，没有约定的按照正常出勤月工资的70%计算，计算基数不得低于当地最低工资标准；加班工资发放的标准为：标准工作制的周一至周五延长工作时间的按照平日工资的150%发放，双休日为200%，法定节假日为300%；实行不定时工作制的，法定节假日加班的按照平日工资的300%发放；实行综合工时制的，每月工作时间超过166.6小时的部分，按照150%发放，法定节假日按照300%发放。

第五章 休息休假、工资支付中的风险及防范

【案例 5-3 四类貌似合理的行为同样侵犯员工休息休假权①】

"任务虽然有些重,但完成了照样可以休息!""元旦假期不是给你调休了吗,怎么还要加班工资?"生活中,许多员工都会遇到类似无法正常休息休假,却又貌似合理的情形。其实,这些情形,同样侵犯了员工休息休假权。

1. 安排任务过量,等同加班加点

【案情介绍】

2016年1月初,一家公司接到一大笔订单后,鉴于必须及时完成,可许多员工因为本身工作很累、每天上班时间都是满打满算而拒绝延时工作,公司遂"灵机一动"地决定增加员工的工作量,即将员工的日计件任务提高5%。面对员工基于影响休息而提出的异议,公司反倒振振有词:动作快点、时间挤一点,完成了任务不是可以照常休息吗?

【案例分析】

公司的做法等同于以加班加点的方式侵犯员工的休息权。《工资支付暂行规定》第13条第二款规定,实行计件工资的劳动者,在完成计件定额任务后,由用人单位安排延长工作时间的,应当分别按照不低于其本人法定工作时间计件单价的150%、200%、300%支付其工资。其中意味着,确定员工的工作定额,同样必须以合理为前提。合理的标准,一则是参照同行业的正常工作量;二则是按照劳动合同的约定。本案公司安排过量的工作任务,无疑属于变相地强制职工加班加点。

2. 占用法定假日,不能调休完事

【案情介绍】

2016年元旦假日期间,一家公司为按时完成来料加工任务,不至于被来单客户追究违约责任,遂要求付某等17名员工照常上班。事后付某等索要对应的加班工资时,公司却以1月29~31日安排了她们3天调休,已与元旦假期扯平为由拒绝。难道法定节假日无法得到的休息时间,真的可以通过调休了事吗?付某等纳闷了。

【案例分析】

公司不能调休完事。《劳动法》第44条规定,有下列情形之一的,用人单位应当按照下列标准支付高于劳动者正常工作时间工资的工资报酬:(1)安排劳动者延长工作时间的,支付不低于工资的150%的工资报酬;(2)休息日安排劳动者工作又不能安排补休的,支付不低于工资的200%的工资报酬;(3)法定休假日安排劳动者工作的,支付不低于工资的300%的工资报酬。即鉴于元旦系法定休假日,故只要公司安排了工作,就必须支付加班工资。

3. 带薪年休假日,不容随意冲抵

【案情介绍】

鉴于2015年度自己没有休过年休假,而公司在时至2016年2月也还没有向自己给予未休年休假工资,甚至根本就未对自己提及,廖永芳只好主动向公司索要。可公

---

① 资料来源:漳州新闻网,2016年5月25日。

司的答复是虽然按规定你享有10天的年休假，但因为你全年共请了4天事假、7天病假，累计超过了10天。公司没有追究多出的这一天已经不错了，还敢提年休假这点事？

【案例分析】

公司无权冲抵年休假。《职工带薪年休假条例》第4条规定，职工有下列情形之一的，不享受当年的年休假：（1）职工依法享受寒暑假，其休假天数多于年休假天数的；（2）职工请事假累计20天以上且单位按照规定不扣工资的；（3）累计工作满1年不满10年的职工，请病假累计2个月以上的；（4）累计工作满10年不满20年的职工，请病假累计3个月以上的；（5）累计工作满20年以上的职工，请病假累计4个月以上的。而廖永芳的事假、病假并没有超过对应的天数。

4. 员工因病修养，不得设置障碍

【案情介绍】

2016年3月4日，在一家公司上班两年的朱静雯，因在周末与好友外出游玩时不慎摔伤，需要住院医治两个月。当她凭医院出具的相关证明向公司请假时，却被明确告知：你是因为私事受伤，公司不可能给那么长的假期，也不可能发工资养着你，你要么来上班，要么主动辞职。否则，公司将按旷工处理，依据规章制度单方将你解聘。

【案例分析】

公司不得为朱静雯设置障碍。因为《企业职工患病或非因工负伤医疗期规定》第3条已经规定，企业职工因患病或非因工负伤，需要停止工作医疗时，根据本人实际参加工作年限和在本单位工作年限，给予3个月到24个月的医疗期。

【案例5-4 带薪年休假管理案例分析①】

1. 享受年休假的主体

【案情介绍】

2007年7月张某与A劳务派遣公司签订劳动合同，并被派遣到B公司工作，工作满一年后，张某向B公司提出享受带薪年休假待遇。

【案情介绍】

王某系从事非全日制工作的劳动者，2009年7月，王某向已经为其连续工作满一年的C公司提出享受带薪年休假。

【案例分析】

原则上，机关、团体、企业、事业单位、民办非企业单位、有雇工的个体工商户等单位的职工连续工作1年以上的，享受带薪年休假。然而，是不是只要与用人单位建立劳动关系的职工，连续工作1年以上，就享有带薪年休假呢？就这一问题，应当明确两点：首先，对于劳务派遣职工，劳务派遣单位、用工单位应当协商安排被派遣

---

① 资料来源：上海市人力资源和社会保障网，2009年9月24日。

职工年休假，而被派遣职工无工作期间可充抵年休假；对于非全日制职工，到目前为止并不享受带薪年休假待遇。

因此，上述案例中，A公司和B公司应当协商安排张某享受带薪年休假，而王某则无权向C公司主张该项权利。

2. 工龄的计算

【案情介绍】

2008年2月黄某进入H公司，双方订立劳动合同约定，黄某在H公司工作满一年后，每年享受带薪休假15天。2009年4月，黄某已累计享受年休假5天，当黄某再向该公司提出带薪休假请求时，H公司以黄某累计工龄为3年，按照法律规定最多只享受5天带薪年休假为由拒绝安排。

【案例分析】

由于享受带薪年休假的资格和相应待遇标准都与职工的工龄挂钩，所以，明确工龄的计算方法也就显得十分重要。

(1) 享受带薪年休假的资格：连续工作1年以上的。

(2) 带薪年休假待遇标准：按累计工作时间计算。

带薪年休假的待遇标准按照员工的累积工作时间进行划分。职工累计工作已满1年不满10年的，年休假5天；已满10年不满20年的，年休假10天；已满20年的，年休假15天。此外，如果劳动合同、集体合同约定的或者用人单位规章制度规定的年休假天数、未休年休假工资报酬高于法定标准的，用人单位应当按照有关约定或者规定执行。

法律做出的只是底线性规定，并不排除当事人双方高于该标准的意思自治。由此可见，案例中的黄某可以根据合同约定主张享受带薪年休假15天。

3. 具体带薪年休假待遇的计算

【案情介绍】

孙某2007年2月1日进入X公司，2008年孙某累计工龄为2年，孙某在2008年能享受几天带薪年休假？

【案情介绍】

张某系实行计件工作制的工人，2009年3月，张某向用人单位提出享受带薪年休假，张某前12个月的工资共计50000元，其中包括加班费12000元，应当如何计算张某带薪年休假期间的工资待遇？

【案例分析】

(1) 带薪年休假天数的计算。对于带薪年休假的天数，一般情况按照累计工龄即可推知，但由于年休假按公历年度计算，因而在入职和离职这两种特殊情况下其计算往往比较复杂。

新入职的职工，连续工作满1年后，往往跨越年度，在计算其首次应享受带薪年休假时应当进行折算，即（当年度在本单位剩余日历天数÷365天）×职工本人全年应当享受的年休假天数；同样，对于离职员工，其离职年度的年休假天数也应进行折算，即（当年度在本单位已过日历天数÷365天）×职工本人全年应当享受的年休假天数，并且如果该职工在离职前多休年休假的天数不再扣回。折算后如果不足一天的不计入，应当注意这里并不是四舍五入，而是只要不足一天即舍去。这样，就不难理解案例四中的孙某2008年可以享受带薪年休假的天数应为：4天，（365 - 31）÷365 × 5 = 4.575

（2）带薪年休假工资待遇的计算。

①带薪休假工资。带薪年休假，顾名思义，在带薪年休假期间，职工享受与正常工作期间相同的工资收入。这里比较特殊的是如何理解实行计件工资、提成工资或者其他实行绩效工资制职工的正常工资。对于这些员工应当先计算其前12个月的月平均工资，其中不包含加班工资，再除以计薪日天数即21.75，才得出正常的日工资。故案例五中，张某的带薪年休假日工资应为（50000 - 12000）÷12÷21.75 = 145.59元。

②应休未休的处理。只有在用人单位安排职工休年休假，但是职工因本人原因且书面提出不休年休假的情况下，用人单位才可以只支付职工正常工作期间的工资收入；其他情况下对职工应休未休的年休假天数，单位应当按照该职工日工资收入的300%支付年休假工资报酬。这就意味着即便用人单位经职工同意不安排年休假以及对于职工离职未休年休假的，用人单位都应按照该职工日工资收入的300%支付年休假工资报酬。

同时，如果用人单位不安排职工休年休假又不依法支付未休年休假工资报酬，劳动行政部门可依职权责令限期改正；对逾期不改正的，用人单位除应支付未休年休假工资报酬外，还应当按照未休年休假工资报酬的数额向职工加付赔偿金。

4. 带薪年休假安排

法律赋予了用人单位统筹安排年休假的权利，用人单位应当合理的利用这一权利，实现员工利益和自身利益的统筹兼顾。对于员工的带薪年休假，进行统筹安排，单位可以在征得职工同意的前提下，跨一个年度安排，同时也可以选择在业务淡季、法定节假日前后统一安排员工休假，以便与自身的生产管理相统一；用人单位应当对年休假、病假等各种休假进行分类管理，如果用人单位给予员工的年休假天数高于法定标准的，应当区分为国家法定休假和公司福利休假，明确休假顺序为法定在先、福利在后；对于员工的工龄可以实行自行申报制，但申报工龄的同时，应当要求员工提供相应的凭据认定员工累计工龄，累计工龄的证明最好由政府机构出具；定期对年休假进行清理检查，及时补足未休年休假及其工资待遇，避免承担相应的法律风险。

第六章 违约金、经济补偿金、赔偿金的风险及防范

第一节 与劳动合同违约金有关的风险及防范

《劳动合同法》对违约金的设定做了特别规定,用人单位不是可以随意给员工设定违约金的,用人单位应当了解其中的法律风险并加以防范。

一、违约金适用范围

根据《劳动合同法》第 25 条的规定,用人单位可约定由劳动者承担违约金的情形只有两种:劳动者违反服务期约定的和违反竞业限制约定的。除此之外用人单位不得与劳动者约定由劳动者承担违约金。

二、违约金的计算

《劳动合同法》第 22 条第二款规定,违约金的数额不得超过用人单位提供的培训费用。用人单位要求劳动者支付的违约金不得超过服务期尚未履行部分所应分摊的培训费用。

用人单位还应注意保留为专项培训费用的出资票据,若向劳动者主张违约金,没有出资证明是得不到认可的。

第二节 经济补偿金、赔偿金运用中的风险及防范

经济补偿金是用人单位、劳动者在解除或终止劳动合同时,为满足劳动者在离职后一段时期内的生活,依法一次性支付给劳动者的费用。它不是赔偿金,也不是违约金,而是劳动合同解除或者终止时特有的一种费用,其实质是用人单位依法履行对劳动者给予必要的社会保障的义务。[1] 用人单位在运用经济补偿过程中,为了预防相关的法律风

---

[1] 吴庆宝、俞宏雷、王松主编:《基层法院裁判标准规范(民事卷)》,人民法院出版社 2013 年版,第 312 页。

险，需要知晓与经济补偿金有关的法律事项。

一、经济补偿金的支付情形

（1）劳动者因用人单位有下列行为而解除劳动合同，用人单位应当支付经济补偿金的情形如下：

①未按照劳动合同约定提供劳动保护或者劳动条件的；

②未及时足额支付劳动报酬的（克扣或者无故拖欠劳动者工资的；拒不支付劳动者延长工作时间工资报酬的；低于当地最低工资标准支付劳动者工资的）

③未依法为劳动者缴纳社会保险费的；

④用人单位的规章制度违反法律、法规的规定，损害劳动者权益的；

⑤用人单位以欺诈、胁迫的手段或者乘人之危，使劳动者在违背真实意思情况下订立或者变更劳动合同，致使劳动合同无效的；

⑥用人单位以暴力、威胁或者非法限制人身自由的手段强迫劳动的；

⑦用人单位违章指挥、强令冒险作业危及劳动者人身安全的；

⑧法律、行政法规规定劳动者可以解除劳动合同的其他情形。

（2）用人单位解除或者终止劳动合同，应当向劳动者支付经济补偿金的情形：

①用人单位提出协商解除劳动合同，并与劳动者协商一致而解除劳动合同的；

②劳动者患病或者非因工负伤，在规定的医疗期满后不能从事原工作，也不能从事由用人单位另行安排的工作，用人单位提前30日通知劳动合同解除劳动合同的；

③劳动者不能胜任工作，经过培训或者调整工作岗位，仍不能胜任工作，用人单位提前30日通知劳动合同解除劳动合同的；

④劳动合同订立时所依据的客观情况发生重大变化，致使劳动合同无法履行，经用人单位与劳动者协商，未能就变更劳动合同内容达成协议，用人单位提前30天通知解除劳动合同的；

⑤用人单位依照企业破产法规定进行重整，依法裁减人员的；

⑥用人单位生产经营发生严重困难，依法裁减人员的；

⑦企业转产、重大技术革新或者经营方式调整，经变更劳动合同后，仍需裁减人员，用人单位依法定程序裁减人员的；

⑧其他因劳动合同订立时所依据的客观经济情况发生重大变化，致使劳动合同无法履行，用人单位依法定程序裁减人员的；

⑨劳动合同期满，劳动者同意续订劳动合同而用人单位不同意续订劳动合同，由用人单位终止固定期限劳动合同的；

⑩因用人单位被依法宣告破产而终止劳动合同的；

⑪因用人单位被吊销营业执照、责令关闭、撤销或者用人单位决定提前解散而终止劳动合同的；

⑫法律、行政法规规定的其他情形。

二、经济补偿金的支付标准

根据《劳动合同法》第47条的规定，经济补偿金的支付标准主要有两类：

（1）按劳动者在本单位工作的年限，每满一年支付1个月工资的标准向劳动者支付。6个月以上不满一年的，按一年计算；不满6个月的，向劳动者支付半个月工资的经济补偿。

（2）劳动者月工资高于用人单位所在直辖市、设区的市级人民政府公布的本地区上年度职工月平均工资3倍的，向其支付经济补偿的标准按职工月平均工资3倍的数额支付，向其支付经济补偿的年限最高不超过12年。

上述所称月工资是指劳动者在劳动合同解除或者终止前12个月的平均工资。《劳动合同法实施条例》第27条进一步规定，经济补偿的月工资按照劳动者应得工资计算，包括计时工资或者计件工资以及奖金、津贴和补贴等货币性收入（不包括加班工资）。劳动者在劳动合同解除或者终止前12个月的平均工资低于当地最低工资标准的，按照当地最低工资标准计算。劳动者工作不满12个月的，按照实际工作的月数计算平均工资。

另外，为督促用人单位及时支付经济补偿，《劳动合同法》第85条规定，用人单位在解除或者终止劳动合同时，未依法向劳动者支付经济补偿的，由劳动行政部门责令限期支付经济补偿，逾期不支付的，责令用人单位按应付金额50%以上100%以下的标准向劳动者加付赔偿金。

三、违法解除或终止劳动合同赔偿金的支付

根据《劳动合同法》第87条和《劳动合同法实施条例》第25条的规定，用人单位违反本法规定解除或者终止劳动合同的，应当依照本法第47条规定的经济补偿标准的2倍向劳动者支付赔偿金。支付了赔偿金的，不再支付经济补偿。赔偿金的计算年限自用工之日起计算。

此外，根据《劳动合同法》第48条的规定，用人单位违法解除或者终止劳动合同，劳动者要求继续履行劳动合同的，用人单位应当继续履行；劳动者不要求继续履行劳动合同或者劳动合同已经不能继续履行的，用人单位应当依照本法第87条规定支付赔偿金。

第三节 关于经济补偿金、赔偿金的常见问题及规定

一、经济补偿金基数

《劳动合同法实施条例》第27条，经济补偿的月工资按照劳动者应得工资计算，包

括计时工资或者计件工资以及奖金、津贴和补贴等货币性收入。

二、合同到期终止，经济补偿金从何时起计算

《劳动合同法》第97条，本法施行之日存续的劳动合同在本法施行后解除或者终止，依照本法第46条规定应当支付经济补偿的，经济补偿年限自本法施行之日起计算；本法施行前按照当时有关规定，用人单位应当向劳动者支付经济补偿的，按照当时有关规定执行。《劳动合同法》是从2008年1月1日实施的，所以之前的工作时间不能计算经济补偿金，之后的才可以计算。

三、公司并购工作年限如何计算

《劳动合同法实施条例》第10条，劳动者非因本人原因从原用人单位被安排到新用人单位工作的，劳动者在原用人单位的工作年限合并计算为新用人单位的工作年限。原用人单位已经向劳动者支付经济补偿的，新用人单位在依法解除、终止劳动合同计算支付经济补偿的工作年限时，不再计算劳动者在原用人单位的工作年限。

《最高人民法院关于审理劳动争议案件适用法律若干问题的解释（四）》第5条，劳动者非因本人原因从原用人单位被安排到新用人单位工作，原用人单位未支付经济补偿，劳动者依照《劳动合同法》第38条规定与新用人单位解除劳动合同，或者新用人单位向劳动者提出解除、终止劳动合同，在计算支付经济补偿或赔偿金的工作年限时，劳动者请求把在原用人单位的工作年限合并计算为新用人单位工作年限的，人民法院应予支持。

用人单位符合下列情形之一的，应当认定属于"劳动者非因本人原因从原用人单位被安排到新用人单位工作"：

（1）劳动者仍在原工作场所、工作岗位工作，劳动合同主体由原用人单位变更为新用人单位；
（2）用人单位以组织委派或任命形式对劳动者进行工作调动；
（3）因用人单位合并、分立等原因导致劳动者工作调动；
（4）用人单位及其关联企业与劳动者轮流订立劳动合同；
（5）其他合理情形。

四、高收入者的补偿金如何计算

《劳动合同法》第47条，劳动者月工资高于用人单位所在直辖市、设区的市级人民政府公布的本地区上年度职工月平均工资3倍的，向其支付经济补偿的标准按职工月平均工资3倍的数额支付，向其支付经济补偿的年限最高不超过12年。

五、支付经济补偿金就能解除劳动合同吗

《劳动合同法》第36条规定，用人单位与劳动者协商一致，可以解除劳动合同。如

果公司与有关员工逐一单独沟通，在平等自愿的基础上解除劳动合同，法律是不禁止的。当然，用人单位应按规定向劳动者支付经济补偿。如果公司无法定理由或未与员工协商一致，就算给了经济补偿后实施解除，也会构成违法解除劳动合同。

对于违法解除劳动合同，《劳动合同法》明确规定，劳动者要求继续履行劳动合同的，用人单位应当继续履行；劳动者不要求继续履行劳动合同或者劳动合同已经不能继续履行的，用人单位应当按照经济补偿金标准的两倍向劳动者支付赔偿金，赔偿金的计算年限自用工之日起计算。

六、代通知金一定要吗

《劳动合同法》规定有下列情形之一的，用人单位提前30日以书面形式通知劳动者本人或者额外支付劳动者1个月工资后，可以解除劳动合同：

（1）劳动者患病或者非因工负伤，在规定的医疗期满后不能从事原工作，也不能从事由用人单位另行安排的工作的；

（2）劳动者不能胜任工作，经过培训或者调整工作岗位，仍不能胜任工作的；

（3）劳动合同订立时所依据的客观情况发生重大变化，致使劳动合同无法履行，经用人单位与劳动者协商，未能就变更劳动合同内容达成协议的。

法律规定，用人单位额外支付劳动者1个月工资即代通知金只限于以上三种情形，且是用人单位未提前30日以书面形式通知劳动者本人就解除劳动合同。

七、什么情况下劳动者主动辞职，用人单位也需支付经济补偿

劳动者根据《劳动合同法》第38条列举的单位有过错的因素而提出辞职的，用人单位需支付经济补偿。

第七章　工伤风险及防范

　　员工发生工伤事故是用人单位最为担忧和烦恼的事情，也是引发劳动争议的重要原因，如何避免工伤事故，降低用工风险等问题，这就需要用人单位知晓工伤领域相关的法律知识，以便在应对工伤事故时争取主动，防范法律风险。

第一节　工伤认定及其申请程序

一、工伤的定义及工伤认定范围

　　工伤，是指劳动者在工作时间、工作场所内、因工作原因所遭受的人身损害事故。但是法律意义上的工伤需要劳动行政部门进行认定之后方可依法享受相应的工伤保险待遇。
　　《工伤保险条例》明确规定了工伤认定的适用范围，具体如下：
1. 应当认定为工伤的情形（第 14 条）
　　（1）在工作时间和工作场所内，因工作原因受到事故伤害的；
　　（2）工作时间前后在工作场所内，从事与工作有关的预备性或者收尾性工作受到事故伤害的；
　　（3）在工作时间和工作场所内，因履行工作职责受到暴力等意外伤害的；
　　（4）患职业病的；
　　（5）因工外出期间，由于工作原因受到伤害或者发生事故下落不明的；
　　（6）在上下班途中，受到非本人主要责任的交通事故或者城市轨道交通、客运轮渡、火车事故伤害的；
　　（7）法律、行政法规规定应当认定为工伤的其他情形。
2. 视同工伤的情形（第 15 条）
　　（1）在工作时间和工作岗位，突发疾病死亡或者在 48 小时之内经抢救无效死亡的；
　　（2）在抢险救灾等维护国家利益、公共利益活动中受到伤害的；
　　（3）职工原在军队服役，因战、因公负伤致残，已取得革命伤残军人证，到用人单位后旧伤复发的。
3. 不属于工伤的情形（第 16 条）
　　（1）故意犯罪的；

(2) 醉酒或者吸毒的；
(3) 自残或者自杀的。

二、工伤认定程序

(一) 申请时效

《工伤保险条例》第17条的规定，职工发生事故伤害或者按照职业病防治法规定被诊断、鉴定为职业病，所在单位应当自事故伤害发生之日或者被诊断、鉴定为职业病之日起30日内，向统筹地区社会保险行政部门提出工伤认定申请。遇有特殊情况，经报社会保险行政部门同意，申请时限可以适当延长。

用人单位未按前款规定提出工伤认定申请的，工伤职工或者其近亲属、工会组织在事故伤害发生之日或者被诊断、鉴定为职业病之日起1年内，可以直接向用人单位所在地统筹地区社会保险行政部门提出工伤认定申请。

用人单位未在本条第一款规定的时限内提交工伤认定申请，在此期间发生符合本条例规定的工伤待遇等有关费用由该用人单位负担。

(二) 受理部门

用人单位工商注册地的区、县人力资源和社会保障行政部门。

(三) 申请材料

申请工伤认定时需要提供以下材料：
(1) 工伤认定申请表；
(2) 伤亡人员与用人单位存在劳动关系（包括事实劳动关系）的证明材料；如没有劳动合同单位又不肯补办的，劳动者可依据劳动和社会保障部《关于确认劳动关系有关事项的通知》规定，向劳动争议仲裁委员会申请仲裁确认劳动关系；
(3) 工伤事故的医疗诊断证明（包括初次诊断证明、出院小结）或者职业病诊断证明书；
(4) 工伤人员的身份证件；
(5) 用人单位工商信息；
(6) 工伤事故的发生经过证明；
(7) 社保部门要求提供的其他证明材料。

(四) 工伤申请受理及决定

社保部门收到申请后，应当对材料进行审核，材料完整的，作出受理或者不予受理的决定；材料不完整的，以书面形式一次性告知申请人需要补正的全部材料。社保部门收到全部补正材料后，应当作出受理或者不予受理的决定。

社保部门应当自受理申请之日起60日内作出工伤认定决定，出具《认定工伤决定书》或者《不予认定工伤决定书》。对于事实清楚、权利义务明确的，应自受理之日起15日内作出决定。

第二节　劳动能力鉴定与工伤保险待遇

职工发生工伤经治疗伤情相对稳定后存在残疾、影响劳动能力的，应当进行劳动能力鉴定。

一、劳动能力鉴定相关事项

（一）鉴定受理机构

因工负伤的初次鉴定和复查鉴定由用人单位工商所在地的区、县劳动能力鉴定委员会受理；

对初次鉴定结果不服申请再次鉴定的受理机构是市劳动能力鉴定委员会。

（二）需要提供的主要申请材料

（1）劳动能力鉴定申请表；
（2）工伤认定书；
（3）工伤诊治的有关医疗资料。

（三）鉴定时限

劳动能力鉴定委员会收到劳动能力鉴定申请后，自受理申请之日起60日（必要时可以延长30日）作出劳动能力鉴定结论，并及时送达申请鉴定的单位和个人。

申请鉴定的单位和个人对初次鉴定结论不服的，可以在收到该鉴定结论之日起15日向省、自治区、直辖市劳动能力鉴定委员会提出再次鉴定申请。再次鉴定结论为最终结论。

自劳动能力鉴定结论作出之日起1年后，工伤人员或者其直系亲属、用人单位或者经办机构认为伤残情况发生变化的，可以提出劳动能力复查鉴定申请。

二、工伤待遇范围

发生工伤，工伤职工可以依法享受以下待遇：
（1）工伤医疗费用。
（2）住院伙食补助费。
（3）治疗期间的交通食宿费。
（4）安装配置伤残辅助器具所需费用。

(5）生活不能自理的，经劳动能力鉴定委员会鉴定可以享受护理费。

(6）一次性伤残补助金和一至四级伤残职工按月领取的伤残津贴（达到退休年龄并办理退休手续后，停发伤残津贴，依法享受养老保险待遇；养老保险待遇低于伤残津贴的，由工伤保险基金补足差额）。

(7）因工死亡的，其遗属可领取丧葬补助金、供养亲属抚恤金和一次性工亡补助金。

(8）工伤职工在停工留薪期间的工资福利由用人单位按月支付。停工留薪期一般不超过12个月，必要时经鉴定委员会确认可以适当延长，但延长不得超过12个月。评定伤残等级后，停发原待遇，依法享受伤残待遇。

(9）五级、六级伤残职工单位不能安排工作的可以按月领取的伤残津贴。

(10）工伤员工在终止或者解除劳动合同时，还可以享受的一次性伤残就业补助金。

上述费用中除小部分由用人单位承担的之外均由工伤基金承担，如用人单位未依法缴纳工伤保险的，则由用人单位支付上述全部工伤保险待遇。

第三节 工伤风险防范对策

用人单位可以采取如下防范措施，来进行工伤救济，分散工伤风险，降低企业成本。

一、避免工伤所应采取的措施

1. 规范安全生产操作规程制定和培训

不断优化安全生产操作规程安全生产的重要前提和保障，各级领导和员工要认识贯彻并要进行长期培训，以保证准确、有效地实施。

2. 定期检查和清除安全隐患

定期进行安全检查，对所发现安全事故隐患要落实整改措施，做到防患于未然。

3. 严肃惩罚和处理工伤事故责任人

发生了工伤事故，企业要进行认真的调查，做好调查报告。对直接责任人，必须根据企业相关规定严肃处罚，以防事故重复发生。

二、降低工伤成本的途径

必须参加工伤保险。购买工伤保险是降低工伤成本最直接有效的方式。《工伤保险条例》第1条明确规定，制定本条例的目的一是为了保障因工作遭受事故伤害或者患职业病的职工获得医疗救治和经济补偿，促进工伤预防和职业康复。二是分散用人单位的工伤风险。工伤保险在企业发生工伤事故时可以最大程度的分解了企业的压力，承担了大部分费用,同时也使职工人人有保障。所以,用工不买工伤保险无疑是把用人单位置于极其危险的境地。

第四节　与工伤认定、工伤待遇相关的案例

【案例 7-1　职工施工中受伤后自杀北京首例判决自杀为工伤[①]】

【案情介绍】

2006 年 12 月 15 日凌晨,北京铁路局职工杨某在自己家中久久不能入睡,他突然起身从厨房拿来菜刀,挥刀砍向熟睡中的妻儿。将妻子和儿子砍伤后,他又举刀自杀,最终割腕而亡。案发后,警方委托精神疾病司法鉴定中心对这起少见的案件进行司法精神医学鉴定,鉴定结论指出杨某作案时存在严重的抑郁情绪,他的作案动机受情绪障碍的影响,在抑郁情绪影响下发生扩大性自杀。

杨某死后不久,他的妻子向海淀区劳动和社会保障局提出申请,要求将杨某的自杀死亡认定为因公死亡。原来,案发前半个月,杨某参加单位组织的更换混凝土轨枕施工过程中,被一根 10 多公斤重的铁撬棍击中头部。单位立即送杨某到卫生服务站。卫生站诊断为头顶部 3 厘米皮裂伤,并为杨某进行了简单的包扎,打了一针破伤风疫苗,没有进行影像学检查。12 月 14 日,回到家中休养的杨某曾前往卫生院就诊。当时他自述说,头部受了外伤,最近总感觉头晕、恶心、头痛,而且总睡不着觉。没想到当天夜里就发生了杨某砍伤妻儿后自杀的惨剧。

杨某的妻子认为,杨某是在单位施工中头部受伤后造成的外伤性精神病,并最终导致扩大性自杀的严重后果。但是,我国《工伤保险条例》明确规定,"自残或自杀"不得认定为工伤。海淀区劳动局据此认定杨某"自杀"不属于因公死亡。杨妻不服,提起行政复议与行政诉讼,却一败再败。

行政诉讼一审败诉后,杨某的妻子提起上诉,指出河北省保定精神疾病司法鉴定中心出具的司法精神医学鉴定书认定杨某是由于头部裂伤导致的外伤性精神病并最终导致的死亡,但是一审法院无视司法鉴定专业机构的司法鉴定结论,仅仅依据北京铁路局递交的一份伪造的试卷,就直接将司法精神医学鉴定书推翻,是典型的认定事实错误。

此案中,河北省保定精神疾病司法鉴定中心对杨某案发时的精神状态进行了推断:"……被鉴定人头部受伤后出现了头晕、头痛、失眠等脑震荡后综合症的表现,并出现了抑郁情绪。案发当晚,被鉴定人服中药后仍不能入睡,产生了用死亡来解脱的想法。因担心妻儿今后的生活困境,就欲让妻子和孩子跟他一起去死,一起解脱,并付诸了行动……综合上述情况分析,推断被鉴定人案发当时处于心境障碍、抑郁状态。被鉴定人作案时存在严重的抑郁情绪,其作案动机受情绪障碍的影响,在抑郁情绪影响下发生扩大性自杀。"北京市尸检中心在《尸体解剖报告书》中得出的结论是,杨某是由于脑外伤病变引起的死亡。

[①] 资料来源:网易新闻,2008 年 10 月 6 日。

结合多份司法鉴定，法院终审判决指出，现既无证据证明杨某在头部受伤后还受过其他伤害，也无证据证明杨某受伤前有精神疾病，应认定杨某自杀时的精神状态是由于他的头部受伤引起的，在该精神状态下杨某的自杀行为与他在工作中受到的头部伤害存在因果关系，应认定为工伤。

【案例分析】

法院判决推翻了"自杀不能认定为工伤"的习惯性理解，认为《工伤保险条例》第16条关于自残或者自杀不得认定为工伤的情形，应指并非因工作和工作事故受伤害的情况。而杨涛的自杀行为是他在工作中头部遭受事故伤害后，导致精神障碍所表现出的一种后果，与《工伤保险条例》第16条所规定的情形并非同一性质。

自杀能否认定为工伤？这个答案历经工伤认定、行政复议、行政诉讼，直到二审才终局定案。这不由得让人产生疑问：为什么行政机关、一审法院会出现机械理解自杀的内涵，错误理解和适用《工伤保险条例》的情况？

为此案提供法律援助的北京义联劳动法援助与研究中心认为，对于工伤问题的处理，应该看到问题的实质，而不是形式。在此案中，二审法院没有拘泥于"自杀不能认定为工伤"这一表面现象，而是认识到了问题的实质——杨某的自杀行为与他在工作中受到的头部伤害存在因果关系。建议有关部门在处理劳动者维权的问题时，应更多地从问题的实质来考虑。

有关专家认为，劳动法律规范所体现的是倾斜立法、保护弱者的原则。工伤保险实行无过失补偿，劳动者在生产工作中发生工伤事故时，无论劳动者本人是否承担事故责任（本人犯罪或严重失职除外），都应无条件得到必要的经济补偿。也就是说，只要在工作时间工作场所、因工作原因受到伤害就可获得工伤保险补偿，即使劳动者负有事故责任，也要给予工伤保险待遇。

专家建议有关部门应把握国务院《工伤保险条例》对工伤认定"倾斜于受害人"的原则：工伤保险补偿对工伤职工实行倾斜，在该补偿或不该补偿的临界状态，工伤保险一般实行就高不就低、就有不就无的补偿原则，也就是可认定可不认定给予认定，可给待遇可不给待遇给予待遇。

【案例7-2 工伤认定申请期限及超期申请的法律后果[①]】

【案情介绍】

2012年6月，原告侯某在第三人江夏公司做泥水工，双方没有签订劳动合同，江夏公司也没有给侯某缴纳工伤保险费。2012年6月24日，侯某在江夏公司承建的工地作业时受伤。2013年5月2日，江夏公司向被告重庆市涪陵区人社局提出工伤认定申请。涪陵区人社局做出侯某属于因工受伤的认定。原告侯某则认为江夏公司未在法定期限内提出工伤认定申请，被告受理并做出工伤认定的行为，违反了《工伤保险条例》中关于工伤认定申请受理期限的规定，属明显违法，请求人民法院予以撤销。

---

① 陈婵：《工伤认定申请期限及超期申请的法律后果》，载《人民法院报》2014年2月26日。

目前，学术界主要存在以下两种观点：一种观点认为属于诉讼时效，用人单位未在法定期限内提出工伤认定申请，职工及其近亲属仍然享有获得工伤保险待遇的实体权利，只是工伤保险待遇的支付主体是用人单位。另一种观点认为属于除斥期间，超过法定期限提出工伤认定申请，职工及其近亲属将丧失获得工伤赔偿的实体权利。

【案例分析】

1. 工伤认定申请期限的性质

笔者并不赞同上述两种观点。首先，如果工伤认定申请期限属于诉讼时效，将有悖于《工伤保险条例》的立法本意，《工伤保险条例》第5条第二款明确赋予社会保险行政部门具有受理本行政区域内的工伤认定申请，并根据事实和法律行使工伤认定的行政管理职权。也就是说，《工伤保险条例》是社会保险行政部门在行政程序中所应适用的法律规范，而不是人民法院或者诉讼参加人在诉讼程序中所应遵循的法律规范。因此，认为工伤认定申请期限属于诉讼时效无从谈起。其次，如果认为工伤认定申请期限属于除斥期间，也不符合除斥期间的适用客体及其法律属性。除斥期间的适用客体一般为形成权，即权利人可以依自己一方之意思表示而直接发生法律关系变动的效果。然而，工伤待遇显然不能因职工或者用人单位向行政机关提出申请就当然获得，工伤认定申请权在性质上属于请求权。此外，除斥期间不可中止、中断、延长，但用人单位申请工伤认定，法律赋予了提出延长申请期限的权利，故工伤认定申请期限不符合除斥期间的法律属性。

综上所述，笔者认为，既然《工伤保险条例》是社会保险行政部门在行政程序中所应适用的法律规范，那么，工伤认定申请期限的性质就仅属于社会保险行政部门受理工伤认定申请的程序期限规定而已。

2. 超过法定期限提出工伤认定申请的法律后果

笔者认为，超过法定期限提出工伤认定申请，对于用人单位、职工及其近亲属来说，其法律后果将使其丧失要求社会保险行政部门作出工伤认定的权利，同时依据《工伤保险条例》第17条第四款规定的精神，对已缴纳工伤保险费的用人单位、职工及其近亲属而言，也将丧失要求工伤保险经办机构从工伤保险基金中支付在此期间发生的工伤保险费用的权利。因此，对于超过法定期限提出的工伤认定申请，社会保险行政部门应当不予受理。本案第三人江夏公司超过法定期限提出工伤认定申请，被告涪陵区人社局予以受理并作出工伤认定的行为，违反了法定程序，应当予以撤销。

虽然超过法定期限提出工伤认定申请不再适用工伤认定行政程序，工伤保险待遇也不再从工伤保险基金支付，但这并不意味着职工将丧失获得工伤赔偿的实体权利，因为劳动者享受劳动保护，因工受伤享受工伤保险待遇是宪法和法律规定的基本权利，职工及其近亲属应当享有通过行政程序以外的其他救济渠道获得工伤保险待遇的权利。如职工及其近亲属可以通过与用人单位协商，自愿达成赔偿协议的方式享受工伤保险待遇，也可以通过诉讼的方式获得工伤保险待遇。

我国《民法通则》第136条规定，身体受到伤害要求赔偿的，诉讼时效期间为一年。职工作为特殊主体，其因工伤事故受到人身损害，尽管有《工伤保险条例》、《工伤认定办法》等法律的特别保护，但法律并没有将此类案件排除在人民法院的受案范围之外，故职工因工伤事故受到人身损害，其要求赔偿的诉讼时效期间也应适用上述一年的规定，由于其属于诉讼时效，故可以中止、中断、延长。当然，工伤保险属于社会保险范畴，其本质是国家对劳动者劳动权益的社会保障措施，带有一定程度的国家强制性，社会保险行政部门作为各级政府的职能部门，赋予其工伤认定的行政职权不仅具有权威性、效率性，同时由于涉及工伤保险基金的支付，与公共利益密切相关，因此工伤认定应当行政优先，司法应保持应有的克制。《最高人民法院关于审理人身损害赔偿案件适用法律若干问题的解释》第 12 条第一款规定，依法应当参加工伤保险统筹的用人单位的劳动者，因工伤事故遭受人身损害，劳动者或者其近亲属向人民法院起诉请求用人单位承担民事赔偿责任的，告知其按《工伤保险条例》的规定处理。该规定就体现了行政优先的理念。

在超过法定期限提出工伤认定申请的情形下，职工及其近亲属将丧失通过行政程序认定工伤的权利，且工伤保险待遇也不是从工伤保险基金支付，而是由用人单位承担，此时，工伤纠纷完全是用人单位和职工之间平等主体的利益争议，不涉及公共利益，国家无须介入对其进行行政管理，故赋予职工及其近亲属诉权，可以最大限度地保护受伤职工获得工伤保险待遇的实体性权利。因此，对于超过法定期限提出工伤认定申请被社会保险行政部门拒绝受理的案件，只要未超过诉讼时效一年的规定，或符合法定中止、中断、延长的情形，职工仍可以通过诉讼的方式，要求用人单位支付工伤保险待遇，若人民法院认为符合工伤的法定构成要件，应当判令用人单位足额支付工伤保险待遇，当然，职工也有权放弃获得工伤保险待遇的权利，本案原告即为一例。

【案例 7-3　超出工伤保险范围的医疗费由谁承担？[①]】

【案情介绍】

周某系上海某塑胶制品公司员工。2007 年 10 月 25 日，周某工作时从扶梯上摔下致头部外伤，后鉴定为因工致残程度七级。周某伤后至多家医院住院治疗，某塑胶制品公司为其垫付医疗费计 133843.46 元。经理赔，工伤保险基金按规定报销了上述医疗费中的 67476.77 元。双方劳动合同于 2008 年 10 月 14 日到期后未再续签。2008 年 10 月 22 日，周某申请仲裁，要求某塑胶制品公司支付一次性工伤医疗补助金等计 70000 余元。仲裁审理中，某塑胶制品公司认为其已依法缴纳工伤保险费，医疗费中未予报销的 66366.69 元系周某自行要求用药所产生，不应由其承担，遂提出反请求，要求周某返还上述 66366.69 元。仲裁委员会在裁决支持周某相关请求的同时，裁定周某返还医疗费 66366.69 元。周某认为其发生工伤后不应自负医疗费，遂诉至法院请求判令不予返还。

工伤医疗费超出工伤保险基金报销范围的部分，应由谁承担？

[①] 孟高飞：《超出工伤保险范围的医疗费由谁承担？》，载《中国劳动》2011 年第 11 期。

【案例分析】

《工伤保险条例》第30条规定，职工因工作遭受事故伤害或者患职业病进行治疗，享受工伤医疗待遇。治疗工伤所需费用符合工伤保险诊疗项目目录、工伤保险药品目录、工伤保险住院服务标准的，从工伤保险基金支付。但是，对于因超出上述报销标准而工伤保险基金不予支付部分的医疗费应由谁承担，《工伤保险条例》未作规定，实践中存有较大分歧。

本案审理中，有三种不同的处理意见。

第一种意见认为，《工伤保险条例》的制定目的只是分散而非免除用人单位的工伤风险，故符合报销范围的工伤医疗费从工伤保险基金中支付，不符合报销范围的，仍应由用人单位承担。

第二种意见认为，《工伤保险条例》只规定用人单位缴纳工伤保险费的义务，未要求用人单位承担职工的工伤医疗费，故用人单位已依法缴纳工伤保险费的，工伤医疗费应由工伤保险基金支付，超出理赔范围部分不应由用人单位承担。

第三种意见认为，工伤是基于工作原因而产生超出理赔范围的工伤医疗费，让职工负担极不公平，尤其是在数额特别巨大时。综合考虑职工与用人单位的经济能力，若该部分医疗费的支出实属合理、必要，可依公平原则，酌定由双方分担。

经综合分析工伤保险的立法目的、工伤保险立法的演变、相近的法律规定及有关法理，笔者赞成上述第一种意见，理由如下：

第一，从工伤保险立法目的来看。依《工伤保险条例》第1条规定，工伤保险立法的第一目的是保障工伤职工的医疗救治与经济补偿，第二目的是促进工伤预防与职业康复，第三目的是分散用人单位的工伤风险。就第一目的而言，及时救治工伤职工是人性的基本要求，符合各方的利益，因而一直是工伤保险制度的核心。让用人单位承担超出工伤保险报销范围的医疗费能促进对工伤职工的救治。就第二目的而言，工伤保险制度实行预防、治疗、康复三结合模式，其中预防最为根本。除实行行业差别费率、单位浮动费率外，划定工伤保险基金的支付范围、由用人单位承担支付范围外的医疗费，也是促进用人单位重视生产安全、搞好工伤预防的重要手段。就第三目的而言，通过社会保险的强制缴纳，形成由全体用人单位和国家共同出资的"基金池"，分散了用人单位的工伤风险。但是，这只是分散，而非免除用人单位的工伤风险，工伤保险基金不予报销的医疗费仍应由用人单位承担。

第二，从工伤保险立法历史来看，《劳动保险条例》（1953年政务院修正）第12条规定，职工因工负伤，全部治疗费、药费、住院费、住院时的膳费与就医路费，均由企业行政方面或资方负担。《企业职工工伤保险试行办法》第17条第二款也明确规定，工伤职工治疗工伤或职业病所需的挂号费、住院费、医疗费、药费、就医路费全额报销。该规章虽已失效，但其基本精神与上述《劳动保险条例》一致，即职工不负担医疗费。《工伤保险条例》（2010年国务院修正）规定了工伤赔偿实行无过错责任，符合报销标准的医疗费由工伤保险基金承担，但未明确超出报销范围的医疗费由何方承担，亦未规定用人单位只要依法缴纳工伤保险费就可免去医疗费的支付责任。

综上，确定超出工伤保险报销范围的医疗费由职工自负缺乏明确的法律支撑，而确定由用人单位承担则有尚未废止的《劳动保险条例》作为依据。超出报销范围的工伤医疗费由用人单位承担完全符合上述法理。同时，损害赔偿奉行填平原则，若超出报销范围的医疗费由劳动者承担，则难说因工伤所受的损失得到了全部补偿。

第三，从相近法律规定来看。其一，与雇员损害赔偿相比。劳动关系脱胎于雇佣关系，适用专门的劳动法来调整。换言之，劳动者比普通雇员受到更多的法律保护。依最高人民法院《关于审理人身损害赔偿案件适用法律若干问题的解释》第11条，雇员在从事雇用活动中遭受人身损害，雇主应当承担赔偿责任。雇佣关系下的雇员受到伤害后尚且无需自负医疗费，那么，受到更多法律保护的劳动者发生工伤后更不应承担医疗费。否则，既违反法律体系的内在逻辑，也有悖公平。其二，与停工留薪期待遇相比。依《工伤保险条例》第33条，职工因工作遭受事故伤害或者患职业病需要暂停工作接受工伤医疗的，在停工留薪期内，原工资福利待遇不变，由所在单位按月支付。停工留薪期待遇是职工因暂停工作而发生的可得利益的损失，属间接损失。工伤医疗费是职工因接受医疗而遭受的既有利益的损失，属直接损失。依举重以明轻原则，属间接损失的停工留薪期待遇尚且获赔，属直接损失的医疗费更应获赔。其三，与未缴纳工伤保险费相比。依《工伤保险条例》第62条，若用人单位未参加工伤保险，则职工依法享受的工伤待遇均由该用人单位承担。超出工伤保险报销范围的医疗费若由职工承担，则会产生投保反得更少赔偿的结果。这不仅背离工伤保险制度的设立初衷，也会鼓励职工不按规定投保。

第四，从有关法理来看。工伤损害赔偿适用无过错责任，其背后的法理基础有三：其一，用人单位进行生产经营本身，制造了对职工人身、财产权益造成损害的危险，故其作为危险源的开启者，理应承担责任。其二，用人单位指挥、组织着工业生产，其对生产的性质有着最为真切的认知，也最有能力控制危险的发生，故其作为危险的控制者，也应承担责任。其三，用人单位从生产活动中获得了利益，基于享受利益者承担风险的原则，其也应承担责任。

【案例7-4 他的八级伤残应该由谁埋单[①]】
【案情介绍】

2009年6月，宋某和一帮老乡从江苏来到上海打工，但由于文华水平不高，宋某没法进入正规的单位上班。为了生计，宋某就在马路边摆了一块牌子招揽一些装修方面的活干。由于宋某做事踏实负责，经常赢得客户的好评。2010年8月，宋某来到上海某建材市场找活干。经过一番努力，宋某和建材市场上的好几个公司建立了长期性的合作关系，上海某建材销售公司就是其中之一。上海某建材销售公司是一家主要销售装修材料如木地板、瓷砖之类的公司，应客户的要求，有时需要负责安装业务，

[①] 资料来源：上海劳动法律顾问网，2011年7月23日《劳动报》劳权周刊，承办律师：上海君拓律师事务所钱剑娥律师。

于是公司就找了一些像宋某这样的装修人员为其干活。具体劳动报酬支付的方式是做一单支付一单的钱,支付报酬的时间不固定,有时是按月结算,有时是按件结算。

2010年10月6日,建材公司让宋某去帮客户铺地砖,由宋某自带工具,每铺一平方米为30元钱,具体报酬根据所铺的面积计算。宋某像往常一样,跟着送货的车到客户家安装地板。可是不幸的事情发生了,宋某在切割地砖的时候被机器割伤了手臂,后经鉴定构成了八级伤残。

宋某认为自己的所受的伤属于工伤,于是向公司所在地的劳动仲裁委员会申请仲裁要求确认劳动关系,但是仲裁庭经过审理后认为宋某和公司之间不属于劳动关系,于是裁定不支持宋某的请求。后来宋某又向法院提出诉讼,认为自己和公司之间属于雇佣关系,要求公司按照人身损害的赔偿标准赔偿,而公司却认为自己和宋某之间属于承揽合同关系,不同意承担任何赔偿责任。

法院经过审理后认为,由于公司和宋某之间没有任何的书面的约定,根据现有的法律规定和目前双方提供的证据,要判定属于雇佣关系还是承揽关系确实有一定的难度,无论是支持那一方都会显失公平,后来在法庭的多次调解下,双方达成了调解协议,由公司一次性支付宋某4万元作为补偿。

【案例分析】

本案是一起典型的用人单位因招用身份关系很难明确的人员干活而引起的人身损害赔偿案件,虽然最终是调解结案,但是该案的公司还是支付了4万元的赔偿金才算了结了这场官司。本案的争议焦点主要有以下几点:

(1)宋某和公司之间是否存在劳动关系?宋某认为自己为公司提供劳动,公司也按照具体的工作量来支付劳动报酬,可以认为是按件制的劳动关系,公司一般情况下也是1个月和自己结算一次工资。另外,虽然公司不存在给自己考勤,但是一定程度上自己也要接受公司的管理,比如说公司要规定自己在指定的时间内完成工作任务,若不能在规定时间内完成要扣除掉一部分劳动报酬。这几项特征表明自己和公司之间事实上属于劳动关系,而自己在劳动中受伤,理应享受工伤待遇。

而公司却认为,宋某不是自己的固定员工,宋某不仅仅只给自己干活,还给其他几家建材公司干活,宋某并不接受公司的管理,从一定程度上来说宋某是承揽了自己的一部分装修业务,公司是根据他的具体的工作成果来支付费用的,故公司与宋某之间不存在劳动关系。

仲裁庭经过审理认为,由于宋某和公司之间没有签订过书面的劳动合同,而宋某也没有提供诸如工资支付凭证或记录、缴纳各种社会保险费的记录、工作证、服务证、招聘登记表、报名表等证据来证明和公司之间存在事实劳动关系,因此最终做出了不支持宋某要求确认劳动关系的裁定。

(2)宋某和公司之家属于雇佣关系还是承揽关系?宋某认为虽然劳动仲裁不支持自己属于劳动关系的请求,但自己为公司干活是事实,不属于劳动关系的话就应属于雇佣关系,总之自己是在干活时受的伤,公司理应承担赔偿责任。而公司却认为,宋某从事的其实是承揽业务,工具是他自己提供的,公司只是按照工作成果来支付费用，从一定程度上来说，风险也是宋某自己承担，如果客户对工作不满意，最终还得由宋某负责返工或修理工作。更何况宋某这次所受的伤其实就是因为他自己的切割机存在质量所致，和公司是没有任何关系的。

那么，宋某和公司之间到底是属于雇佣关系还是承揽关系呢？根据法律的规定，"从事雇佣活动"是指从事雇主授权或者指示范围内的生产经营活动或者其他劳务活动，雇佣关系指雇员在从事雇佣活动中与雇主形成的权利义务关系。而"承揽合同是承揽人按照定作人的要求完成工作，交付工作成果，定作人给付报酬的合同。承揽包括加工、定作、修理、复制、测试、检验等工作。"因此，承揽关系是指定作人与承揽人基于承揽合同，在履行过程中形成的权利义务关系。也就是说，区别雇佣关系和承揽关系的最关键因素是要看从事的是劳务活动还是交付劳动成果，风险由谁承担。但是在现实生活中，要真正区别雇佣关系还是承揽关系确实不是件容易的事情，因此，宋某和公司之间的人身损害赔偿纠纷最终以调解的形式结案也是最好的方式。

不过无论是雇佣关系，还是承揽关系都是基于合同关系产生，受合同法调整。当事人意思自治是合同法的灵魂，即只要当事人之间的约定不违背社会公共利益与法律规定，合同即成立有效。在认定雇佣关系与承揽关系时，同样适用意思自治原则，即当事人之间就双方身份关系是雇佣还是承揽存在约定的，依其约定。因此，为了避免在事后发生法律关系分辨不清的纠纷，最好事先对是雇佣关系或承揽关系作出约定。如果本案中的公司事先和宋某签订一份承揽合同的话就不会卷入到这场官司中了。

【案例7-5 用人单位对申请人的初次劳动能力鉴定结论不服该怎么办？[①]】

【案情介绍】

王某系L厂的职工。2014年3月18日，王某因操作不慎，致使其左手大拇指指受伤，后经人力社保局认定，王某因本次事故遭受的伤害系为工伤，并出具了工伤认定决定书；2014年12月15日，经鉴定王某因本次工伤事故造成的劳动能力障碍程度为七级，并出具劳动能力鉴定书。2015年4月13日，因双方协商未果，王某向磐安县劳动人事争议仲裁委员会申请劳动争议仲裁。

该仲裁委员会工作人员一接到案子，就对双方当事人对案件的基本情况进行了了解。经了解发现被申请人愿意向申请人支付工伤待遇，然其对申请人的劳动能力鉴定结论存在异议，故双方僵持不下，未能达成协议。

经仲裁工作人员及乡镇调解员的协调，双方最终达成调解协议，除社保基金支付的相关款项外，被申请人须向申请人支付一次性伤残就业补助金、停工留薪工资等所有其他所有费用人民币32000元。

【案例分析】

根据《工伤保险条例》第26条规定，申请鉴定的单位或者个人对设区的市级劳动能力鉴定委员会作出的鉴定结论不服的，可以再收到该鉴定结论之日起15日内向省、

[①] 资料来源：中国劳动保障新闻网，2015年6月12日。

自治区、直辖市劳动能力鉴定委员会提出再次鉴定申请……因此，本案中的被申请人如对申请人的劳动能力障碍程度存在异议，应当在收到申请人的劳动能力鉴定结论之日起15日内向浙江省劳动能力鉴定委员会申请再次鉴定。但被申请人却怠于行使权利，未在规定时间内向上级部门提出申请，致使先前的劳动能力鉴定生效，故而被申请人必须为其未充分行使权利的结果买单。

在此提醒各用人单位，在对申请人的初次劳动能力鉴定结论不服或存在异议时，应当及时向上级委员会提出再次鉴定申请，避免应未及时行使权力而造成的不利后果。

第八章 劳务派遣的法律风险及防范

劳务派遣，通常是指劳动力派遣机构与派遣劳工签订派遣合同，在得到派遣劳工同意后，使其在被派企业指挥监督下提供劳动。劳务派遣的最大特点就是劳动力雇佣与劳动力使用相分离，派遣劳动者不与被派企业签订劳动合同，发生劳动关系，而是与派遣机构存在劳动关系，但却被派遣到被派企业劳动，形成"有关系没劳动、有劳动没关系"的特殊形态。[①]

第一节 劳务派遣用工常见风险及防范

劳务派遣的用工方式具有成本低、用工灵活等特点而在用工实践中被广泛采用。尽管如此，劳动派遣用工同样隐藏着诸多法律风险，作为用工单位，在采用劳务派遣用工时需要注意存在的法律风险。

一、在选择派遣单位时的风险与防范

《劳动合同法》第57条规定，经营劳务派遣业务应当具备的条件为：注册资本不得少于人民币200万元；有与开展业务相适应的固定的经营场所和设施；有符合法律、行政法规规定的劳务派遣管理制度；法律、行政法规规定的其他条件。经过劳动行政部门的许可后，依法办理相应的公司登记。未经许可，任何单位和个人不得经营劳务派遣业务。所以，用工单位要切记审查派遣单位是否具有劳动派遣合法资质，如果该派遣单位不具有法定劳务派遣资质，就会导致已经签订的劳务派遣协议无效，用工中的一系列麻烦便会随之而来。

二、招聘主体不得力的风险与防范

《劳动合同法》第58条明确规定了劳务派遣单位是用人单位，由它与被派遣劳动者订立劳动合同。因此，招聘被派遣劳动员工的主体是劳务派遣单位，但实践中派遣单位

[①] 杨景宇主编：《〈中华人民共和国劳动合同法〉解读》，中国法制出版社2007年版，第183页。

对用工单位的用人要求并不完全了解，所以经常出现所派员工无法满足用工单位需要，于是纠纷就不断。为减少此类风险，用工单位应将所需员工的具体要求提前给到派遣单位以便其招聘到合适的员工。

三、对派遣人员管理中的风险与防范

派遣员工与用工单位不存在劳动关系，但派遣员工遵守用工单位的规章制度却是进行生产经营的必然要求。当用工单位以派遣员工违反本单位规章制度对其进行处理时，往往会引起争议。由于派遣员工与实际用人单位不存在劳动关系，实际用人单位要求派遣员工遵守其规章制度也缺乏强有力的法律支持。

如果用工单位想让自己的规章制度对派遣员工产生法律约束力，则建议用工单位在制定规章制度时避免与派遣机构的规章制度的条款出现矛盾；在派遣协议中明确约定，派遣员工应同时遵守派遣单位以及用工单位的规章制度，当两家单位的规章制度发生冲突时，以实际用工单位的规章制度为准。

四、支付工资中的风险与防范

法律规定派遣员工的劳动报酬应由派遣单位支付，若派遣单位携款潜逃，劳动者获取劳动报酬的权利将受到侵犯。当派遣单位确实无法承担支付劳动报酬的法定责任时，用工单位要承担连带支付的责任。

为避免上述支付工资引发的争议，派遣单位与用工单位在派遣协议中可以以工资支付委托代理的关系，委托用工单位代为发放工资，进而避免派遣单位拖欠、克扣工资的情形出现。

用工单位在选择派遣机构时，对规模较小、抗风险力较弱的派遣机构在签订派遣协议时，可要求其提供担保。

五、派遣岗位和比例限制的风险与防范

《劳动合同法》规定，劳务派遣一般在临时性、辅助性或者替代性的工作岗位上实施。临时性工作岗位是指存续时间不超过6个月的岗位；辅助性工作岗位是指为主营业务岗位提供服务的非主营业务岗位；替代性工作岗位是指用工单位的劳动者因脱产学习、休假等原因无法工作的一定期间内，可以由其他劳动者替代工作的岗位。用工单位应当严格控制劳务派遣用工数量，不得超过其用工总量的10%。

所以，用工单位应对目前采取劳务派遣的岗位进行梳理，避免实施劳务派遣后引发劳动争议。

第二节　与劳务派遣相关的典型案例

【案例 8-1　用人单位设劳务公司逆向派遣属无效劳务派遣①】

【案情介绍】

2000 年 10 月 10 日，原告钱某应聘到被告某校食堂工作，双方未签订书面劳动合同。2008 年 1 月 1 日，被告某校让原告钱某与被告劳务公司签订了期限自 2008 年 1 月 1 日至 2010 年 12 月 31 日的劳动合同，原告钱某仍在被告某校食堂上班，工作内容、劳动报酬等未发生变化。被告劳务公司为原告钱某发放工资并缴纳养老保险费，但曾低于最低工资标准发放原告钱某工资。2010 年 10 月 14 日，原告钱某以被告某校、劳务公司不依法缴纳社会保险费且不足额支付工资为由，向两被告邮寄了终止劳动关系告知书，双方劳动关系当日终止。原告钱某离职前 12 个月平均工资为 850 元。

另查明，本案被告某校和自然人郑某投资成立某招待所，其中被告某校投资 9 万元，占总投资额的 90%。2007 年 6 月 29 日，招待所与两名自然人投资设立被告劳务公司，其中招待所的投资比例为 60%。2008 年 1 月，被告某校与被告某劳务公司签订劳务派遣协议，约定：由甲方（劳务公司）向乙方（某校）推荐符合条件的劳务人员供乙方使用，甲方承担对员工的用人单位义务，乙方依法承担连带责任；期限自 2008 年 1 月 1 日起至 2010 年 12 月 31 日止。

2010 年 12 月 29 日，原告钱某向淮安市清河区劳动争议仲裁委员会申请仲裁，请求裁决两被告支付 2000 年 10 月 10 日至 2010 年 10 月 14 日的经济补偿金 8500 元。被告某校称原告钱某与被告劳务公司存在劳动关系，学校不应支付经济补偿金。被告劳务公司同意支付 2008 年 1 月 1 日至 2010 年 10 月 14 的经济补偿金 2550 元。仲裁裁决支持了两被告的意见，原告钱某不服诉至法院。

法院经审理认为，用人单位或者其所属单位不得出资或者合伙设立劳务派遣公司，向本单位或者所属单位派遣劳动者。本案中，两被告之间的劳务派遣协议属于法律禁止的劳务派遣行为，应认定为无效合同，原告钱某自始至终与被告某校存在劳动关系。综上，法院判决被告某校支付原告钱某经济补偿金 8500 元。宣判后，原、被告均未上诉，一审判决生效。

【案例分析】

劳务派遣作为一种弹性化用工方式，具有迅速为企业提供所需劳动力、节约企业人力资本、减轻招聘负担等优点，但劳务派遣被滥用易侵犯劳动者合法权益，如同工不同酬等。本案中，劳务派遣行为不成立，原告钱某与被告劳务公司之间不存在劳动关系，被告某校系用人单位，应支付原告钱某经济补偿金。具体理由如下：

---

① 资料来源：中国法院网，2012 年 7 月 2 日。

1. 劳务派遣协议无效

《劳动合同法》第67条规定，用人单位不得设立劳务派遣公司向本单位或者所属单位派遣劳动者。《劳动合同法实施条例》第28条规定，用人单位或者其所属单位出资或者合伙设立的劳务派遣单位，向本单位或者所属单位派遣劳动者的，属于劳动合同法第67条规定的不得设立的劳务派遣单位。我国对劳务派遣进行立法，规定了劳务公司和用工单位的义务和责任，避免劳务派遣协议双方联手规避责任侵犯劳动者权利。《劳动合同法》第92条规定，给被派遣劳动者造成损害的，劳务派遣公司与用工单位承担连带赔偿责任。这种规定，旨在促使派遣公司与用工单位互相监督，自觉保障劳动者应享有的权益。本案中，被告某校与郑某合伙设立某招待所，招待所与两名自然人设立被告劳务公司，被告劳务公司再将劳动者派遣至被告某校，这表面上是一种涉及三方的劳务派遣行为，实则被告某校自己设立劳务派遣单位并将员工派遣学校食堂上班，即被告某校虚构劳务派遣事实规避法律义务，显然属于上述法律规定不得设立劳务派遣单位的情形，因此劳务派遣协议无效，被告某校一直系原告钱某的用人单位，双方劳动关系的存续期间为2000年10月10日至2010年10月14日。

2. 本案逆向派遣行为无效

从劳务派遣的定义和特点可以看出，劳务派遣的方向是劳务公司将劳动者派至用工单位上班，由劳务派遣公司发放劳动者工资，并缴纳社会保险费，用工单位支付劳务公司管理费。而逆向派遣行为，则是让本单位的员工与劳务派遣公司签订劳动合同，而员工继续在单位上班，但员工与单位之间的劳动关系终止，双方转为劳务关系。此种情形下，劳动者在单位的工作年限中断，用人单位逃避了签订无固定期限劳动合同并依法支付经济补偿金的义务，侵犯了劳动者合法权益。本案中，在未支付原告钱某经济补偿金终止双方劳动关系的情况下，被告某校让原告钱某与被告劳务公司签订劳动合同，显然属于逃避法律责任情形，此种逆向派遣行为属无效劳务派遣行为。

3. 劳务派遣合同没有法律约束力

《劳动合同法》第66条规定，劳务派遣一般在临时性、辅助性或者替代性的工作岗位上实施。劳务派遣用工形式不利于增强劳动者对用工单位的归属感，一定程度上影响了劳动者工作的积极性和创造性，为避免劳务派遣被滥用，我国立法将劳务派遣范围进行了限制。本案中，原告钱某已在被告学校食堂工作了7年多，从事岗位不具备临时性特征，不应实行劳务派遣。同时，在原告钱某不懂法、不知情的情况下，劳务派遣合同抹杀了其长达7年之久的工作年限，失去签订无固定期限劳动合同的法定条件，侵犯了原告钱某的合法权益，应属无效。

综上，本案劳务派遣不成立，被告某校一直系原告钱某的用人单位。结合原告钱某离职前12个月平均工资850元的事实，其关于被告某校支付2000年10月10日至2010年10月14日的经济补偿金8500元的诉讼请求，符合法律规定，法院判决予以支持。

【案例 8-2 劳动派遣工遇事故工伤，用工单位应负连带责任[①]】

【案情介绍】

2009年2月，岳某与某人力资源服务公司签订劳动合同后，被派遣到某食品公司做操作工。2010年3月，岳某在下班途中发生交通事故，造成其左足趾全部截肢的严重后果，而肇事者逃逸。岳某希望用人单位为其申报工伤以获赔偿，但遭到拒绝。无奈之下，只得自行申请工伤认定及劳动能力等级鉴定。经人力资源和社会保障局有关部门审核认定岳某受伤为工伤，通过伤情鉴定确认构成六级伤残。用人单位不仅没有任何同情之心，而且在岳某因伤在家休息时以旷工为由将其辞退，并停缴了社会保险，使得岳某无法通过社会保险得到工伤保险赔偿。岳某走投无路，采取法律程序向用人单位主张工伤赔偿。

本案经过劳动仲裁委员会仲裁，支持了岳某的请求，某人力资源服务公司不服向法院提起诉讼。一审法院接受律师的建议，将用工单位即某食品公司追加为被告，并支持用工单位和用人单位对岳某的赔偿主张负连带责任，但认为岳某主张的一次性伤残补助金应由用人单位协助到社保中心办理。对此，岳某及某人力资源服务公司不服均提起上诉。最终，二审法院改判，岳某所有的请求均获支持。

【案例分析】

本案是一起劳动者因下班途中发生交通事故与用人单位和用工单位就是否构成工伤产生分歧，以及如何解决劳动报酬、工伤赔付等纠纷形成的劳动争议案件。双方争议焦点有三点：

1. 用人单位与劳动者之间的劳动关系是否存续

《工伤保险条例》第34条第三款明确规定，职工因工致残被鉴定为五、六级伤残的……经工伤职工本人提出，该职工可以与用人单位解除或者终止劳动关系……本案劳动者并未提出与用人单位解除劳动关系，故双方劳动关系仍然存续。《中华人民共和国劳动合同法》第48条规定，用人单位违反本法规定解除或者终止劳动合同，劳动者要求继续履行合同的，用人单位应当继续履行……在劳动者并未要求解除合同的情况下，用人单位却将劳动者因伤残合理病休停工留薪期间认定旷工而解除劳动合同，侵犯了劳动者的合法权益，显属违法。

2. 用人单位是否应当支付劳动者一次性伤残补助金

依据《工伤保险条例》第17条的规定，用人单位未在职工发生事故伤害之日起30日内提交工伤认定申请的，在此期间发生符合本条例规定的工伤待遇等有关费用由该用人单位承担。因此，劳动者发生工伤所产生的医疗费、住院伙食补助费等费用均应由用人单位支付是毋庸置疑的。至于一次性伤残补助金，本应由保险基金支付，但由于用人单位在劳动者停工留薪期内与其违法解除了劳动合同关系，并中断社保金的缴费，导致劳动者无法领取一次性伤残补助金，因此，用人单位应当承担责任并支付该项费用。

[①] 资料来源：中国普法网，2013年2月21日。

3. 用人单位人力资源服务公司与用工单位某食品公司的责任承担。

《中华人民共和国劳动合同法》第92条之规定，……给被派遣劳动者造成损害的，劳务派遣单位与用工单位承担连带赔偿责任。岳某是用人单位某人力资源服务公司派遣到用工单位工作的劳动者，岳某的工伤是在用工单位工作期间发生的，故用工单位与用人单位对岳某应当承担连带赔偿责任。

【案例8-3 劳务派遣违反同工同酬应当如何认定[①]】
【案情介绍】

2011年5月，李某与某劳务派遣公司签订了劳务派遣合同，在同年9月被派至一家餐饮企业甲公司做服务员。李某在该公司工作期间态度积极，认真完成各项工作，给公司做出了很好的业绩。由于公司对薪酬福利实行隐私化管理，李某一直不知道公司其他员工的工资水平。但在2012年春节期间，李某在与作为同岗位正式员工陆某的私下聚会时，了解到自己的月工资比对方约低了2300元。李某认为，自己的工作能力并不比同岗位的其他员工逊色，于是多次与公司领导交涉，要求享受同工同酬的待遇，但遭到公司拒绝。李某于2013年5月向该地劳动争议仲裁委员会提出申请，以该劳务派遣公司和甲公司为被申请人，请求享受同工同酬的工资待遇，支付2011年9月至申请仲裁时22个月的工资差额50600元。

在仲裁庭上，该劳务派遣公司、甲公司提交了劳动合同、劳务派遣协议、李某工资银行卡的转账记录以及工资单等证据，李某提供了劳动合同书、工资清单以及同岗位郭某的工资清单。经双方质证，劳动争议仲裁委员会认定：劳动合同、劳务派遣协议约定李某的月工资为3000元，每月均按时足额支付。李某对此并不否认，但申请由用工单位提供工资分配方案的相关证据的申请被驳回。

该劳动争议仲裁委员会认为，依据《劳动合同法》第11条规定，用人单位未在用工的同时订立书面劳动合同，与劳动者约定的劳动报酬不明确的，新招用的劳动者的劳动报酬按照集体合同规定的标准执行；没有集体合同或者集体合同未规定的，实行同工同酬。既然李某已与劳务派遣公司明确约定了工资待遇，无须通过集体合同、同工同酬另行确定工资待遇，双方应依约定切实履行。同时，根据劳动部《关于〈中华人民共和国劳动法〉若干条文的说明》第46条、《劳动合同法》第63条的规定，"同工同酬"中同类岗位的认定不应简单理解为"从事同样的工作"，而应综合考虑劳动者的工作经验、技能、积极性等各方面的资格条件因素。"同酬"一般也需要符合相同业绩效益、相同的工作量，并允许同类岗位劳动者的劳动报酬存在合理的差别。但李某并未提供证明其与郭某属于同类岗位的相关证据，也未能证明工资差额不符合同类岗位的劳动报酬分配办法，对此应当承担举证不能的不利后果。经审理，劳动争议仲裁委员会裁决驳回李某的申请请求。

[①] 资料来源：中国劳动和社会保障法律网，《中国劳动》2014年第1期。

违反同工同酬的认定标准,如何处理劳动合同、劳务派遣协议的工资约定与同工同酬原则的关系,以及相关的举证责任分配问题?

【案例分析】

《劳动合同法》明确规定了"被派遣劳动者享有与用工单位的劳动者同工同酬的权利","用工单位应当按照同工同酬原则,对被派遣劳动者与本单位同类岗位的劳动者实行相同的劳动报酬分配办法"。虽然,立法给出了明确的态度,但由于条文较为抽象,在规范解释与法律实施方面尚缺乏统一的认定标准和裁判规则,各地的劳动仲裁和法院系统仍面临不少疑惑和难题。就本案裁决,笔者提出几点存疑进行讨论。

1. 劳动合同、劳务派遣协议的工资约定不属于同工不同酬的合法理由

《劳动合同法》第11条确实在立法上规定了工资的确定方法。该劳动争议仲裁委员会将该条文的含义解释为:意思自治优先、补充运用同工同酬原则,应当遵从合同约定的优先性。

这种观点是片面的。该条款是《劳动合同法》的一种合同解释的法定方法,目的在于在约定不明确时确定合同履行的内容,而非雇主工资支付义务的法定标准。事实上,同工同酬时劳动平等原则的要求,属于劳动法和工资支付的法律原则。《劳动法》第46条明确规定,工资分配应当遵循按劳分配原则,实行同工同酬。同工同酬作为法律原则,其裁判的法律适用中的确具有补充性。法律原则适用的补充性体现为,有具体规范时裁判不得适用原则性规定,以防止裁判规范向抽象原则逃逸,确保裁判的稳定性。但是,任何合同约定条款均不得与体现基本价值的法律原则相冲突,否则会因违反强行性规范而被归于无效。

同时,《劳动合同法》第63条第二款明确要求约定工资不得突破"同工同酬"的底线,这是对劳务派遣单位、用工单位工资分配自主权的刚性限制。从法律效力上看,它属于强行性效力规范,不得被劳动合同和劳务派遣协议所突破。合同、协议载明或者约定的劳动报酬不符合同工同酬标准的,应属无效条款。因此,如果该案中有证据表明被申请人与被派遣劳动者李某约定工资违反了同工同酬原则的,李某应有权依据同类岗位的相同劳动报酬分配办法,请求支付工资差额。

2. 对"同工同酬"的具体认定标准不妥

本案的劳动争议仲裁委员会在解释同工同酬时,实际仍然遵照的是劳动部《关于〈中华人民共和国劳动法〉若干条文的说明》第46条的内容,即用人单位对于从事相同工作,付出等量劳动且取得相同劳绩的劳动者,应支付同等的劳动报酬。《劳动合同法》第63条表述为实行本单位同类岗位相同的劳动报酬分配办法或参照用工单位所在地相同或者相近岗位劳动者的劳动报酬。该劳动争议仲裁委员会在法律适用时并没有注意到这一点。

其一,"同类岗位"的认定需要从实质上把握。岗位在用人单位内部的划分是纷繁复杂的,既有按照岗位的业务内容和性质的不同所做出的横向分类,包括职系(小类)、职组(中类)和职门(大类)的划分;又有按照岗位的难易程度、责任大小、所需职业资格等因素的不同所做出的纵向分类,包括职级、职等的划分。单纯的岗位

名称并不构成区分岗位的直接标准。同类岗位的判断，既要考虑工作的职责、内容，又要考虑特殊的职位条件要求。该劳动争议仲裁委员会提出"综合考虑劳动者的工作经验、技能、积极性等各方面的资格条件因素"，一般意义上是合理的。但是，劳动者的资格条件差异并不一定会导致岗位的差异。如果该条件差异对特定的岗位工作影响显著，或者因某差异导致劳动者职业水平实质差异，则必然产生劳动生产率的差异，需要划归为不同岗位类别。但是，如果没有证据显示有这样的实质影响，则同样的工作职责应构成"相同岗位"。例如，同样属于公司收发信件的工作，高中学历和本科学历一般并不会影响工作的完成，因此，学历差异在这项工作中并不会导致岗位差异。

其二，本案仲裁对同酬的理解过于狭隘。《劳动合同法》第六十三条的要求，并非"相同业绩效益、相同的工作量、同等劳动报酬"的简单形式比较，而是让受派遣劳动者和正式职工适用同一套薪酬计算标准和体系，平等参与劳动分配。人力资源管理是企业自主经营权的重要组成部分，公司有权制订内部施行的薪酬标准、员工奖励计划等管理制度体系，但应一体同等适用于被派遣劳动者。只需遵循统一的标准，把同一工种的劳动者之间的劳动差别，包括数量和质量的差别、复杂劳动和简单劳动的差别、责任和贡献大小的差别等，分别纳入统一的工资标准、工资等级表和技术等级标准，最后得出一个具体的工资量。因此，同类岗位劳动者的工资差异必须是基于相同的薪酬分配管理方法所得出，否则即属违反同工同酬的情形。

3. 证明责任分配不合理

本案中，仲裁委要求劳动者承担主张岗位相同、工作业绩相同及工资分配不公平的全部举证责任，最终因证据不足而裁定驳回李某请求。

这种证明责任分配方式是不合理的。虽然，劳动者原则上对自己提出的主张有收集或提供证据的义务证明，但劳动争议双方存在严重的信息不对称现象，而被派遣劳动者的信息劣势更为明显。他们多数从事较为短期的劳动，对用工单位的信息了解很有限。同时，薪酬水平多属于企业管理的保密事项，受派遣劳动者难以准确了解同岗职工的劳动报酬，以及与报酬分配相关的个人信息，如数额、工龄、学历、职称等。目前，立法还没有直接相关的证明责任分配规定，《劳动争议调解仲裁法》第6条仅在原则上规定，发生劳动争议，当事人对自己提出的主张，有责任提供证据。与争议事项有关的证据属于用人单位掌握管理的，用人单位应当提供；用人单位不提供的，应当承担不利后果。最高人民法院出台过有关审理劳动争议案件的司法解释，对由用人单位负举证责任的若干情形进行了细化规定，但还没有涉及劳务派遣案件证明责任问题。

基于公平考虑和《劳动争议调解仲裁法》第6条的原则，劳动报酬分配属于用工单位的管理职责，分配依据的相关证据资料也由用工单位掌握，在信息掌握上有明显优势，应当减轻被派遣劳动者的举证责任。劳动争议仲裁委员会可以援引《劳动调解仲裁法》第39条第二款的规定，劳动者无法提供由用人单位掌握管理的与仲裁请求有关的证据，仲裁庭可以要求用人单位在指定期限内提供。用人单位在指定期限内不提供的，应当承担不利后果。劳动者只需证明存在劳动报酬差异，继而由用工单位、派遣公司承担证明被派遣劳动者工资报酬符合同类岗位相同的劳动报酬分配办法的举证责任。用工单位必须说明劳动定额、绩效考核等相关的管理方式，如不能举证证明工资差异属于相同劳动报酬分配办法下的正常合理差异，则应承担证明不能的不利后果。总之，劳务派遣问题的关键所在，是派遣工未能充分实现同工同酬的权利。劳动仲裁和民事诉讼作为被派遣劳动者最后的权利救济途径，应当采取妥善的裁判认定标准和举证责任分配方式，促进目前畸形发展的劳务派遣制度向正常轨道转变。

第九章　劳动仲裁、诉讼中的风险及防范

用人单位与劳动者发生劳动争议时，如果协商、调解方式得不到解决时，则会进入劳动仲裁、诉讼程序。作为用人单位，需要知晓与劳动仲裁、诉讼相关的法律风险，增强风险意识，以便预防和减少败诉案件的发生，节省用工成本。

第一节　劳动争议仲裁、诉讼风险要点

在司法实践中，常见的劳动争议仲裁、诉讼风险主要风险点如下：

一、诉请不明确、缺乏证据支持的风险

当事人提出的仲裁、诉讼请求应当明确完整请求，不完整未请求部分得不到审理处理结果是白辛苦不算还会耽误事情，请求缺乏事实和理由也会被驳回。

二、超过仲裁时效的风险

劳动争议申请仲裁的时效期间为一年。仲裁时效期间从当事人知道或者应当知道其权利被侵害之日起计算。申请人申请仲裁超过仲裁时效，又不能证明有时效中止、中断或延长事由的，除对方当事人认可外，仲裁请求将得不到支持。

三、不按时缴纳诉讼费用的风险

劳动争议仲裁不收费，但是向法院提起诉讼是需要预缴诉讼费用的。当事人起诉、上诉，不按时预缴诉讼费用的，法院会裁定按自动撤回起诉、上诉处理。当事人提出反诉，也同样要缴受理费的，否则法院将不会审理。

四、不能提供证据原件的风险

一般情况下当事人提供证据应当提供原件，提供的证据不符合上述规定的，可能影

响证据的证明力，甚至不被采信。

五、举证不及时的风险

当事人提供证据，应当在仲裁委员会或法院指定的期限内完成。超过举证期限提供的证据，除对方当事人同意质证外，仲裁庭或法院可能视为放弃举证权利，对逾期提供的证据在审理时将不组织质证。但属于法律和司法解释规定的新的证据的除外。

六、证人不按时出庭的风险

证人也是当事人证据的一种，如在开庭时证人不能到庭属于举证不能。

第二节　用人单位举证责任的风险及防范

在前文列举的劳动争议仲裁、诉讼风险要点中，对于用人单位而言，尤为需要关注的是己方的举证责任，以免因举证不能而承担败诉的不利后果。

一、立法对用人单位举证责任的相关规定

属于由用人单位承担举证责任的情形主要如下：

（1）劳动争议纠纷案件中，因用人单位作出开除、除名、辞退、解除劳动合同，减少劳动报酬、计算劳动者工作年限等决定而发生劳动争议的，由用人单位负举证责任。（见《最高人民法院关于民事诉讼证据的若干规定》第6条、《关于审理劳动争议案件适用法律若干问题的解释》第13条）。

（2）职工或者其直系亲属认为是工伤，用人单位不认为是工伤的，由用人单位负举证责任（见国务院《工伤保险条例》第19条第二款）。

（3）用人单位未与劳动者签订劳动合同，认为双方存在劳动关系时可参考下列凭证：①工资支付凭证或者纪录（职工工资发放花名册）、缴纳各项保险费的纪录；②用人单位向劳动者发放的"工作证"、"服务证"等能够证明身份的证件；③劳动者填写的用人单位招工招聘"登记表"、"报名表"等招用记录；④考勤记录；⑤其他劳动者的证言等。其中，①、③、④项的有关凭证由用人单位负举证责任（见劳动和社会保障部《关于确立劳动关系有关事项的通知》第2条）。

（4）劳动者无法掌握的，有证据证明或者根据常理推定确系用人单位掌握和管理的与请求有关联的证据，由用人单位负举证责任（见《劳动争议调解仲裁法》第14、第39条）。

二、用人单位举证环节的风险及防范

鉴于用人单位在举证环节存在的风险,因此,用人单位应保存好以下资料以便举证:

(1) 劳动合同文本;(2) 职工名册;(3) 工资支付凭证或记录;(4) 缴纳社会保险费的记录;(5) 劳动者填写的招工招聘登记表、报名表等招用记录;(6) 考勤记录;(7) 制定、修改规章制度或者重大事项时,经职工代表大会或者全体职工讨论的材料;与工会或者职工代表平等协商的材料;规章制度和重大事项决定公示或者告知劳动者的材料;(8) 专门培训、岗前培训、职业培训的记录;(9) 为劳动者调整工作岗位、协商变更劳动合同内容的材料;(10) 裁员时听取工会或职工意见的材料;(11) 单方解除劳动合同事先将理由通知工会的材料;(12) 其他应当由用人单位保管的材料。

第三节 与劳动仲裁、诉讼风险相关的案例

【案例 9-1 依据不足程序颠倒如此解雇属违法[①]】

【案情介绍】

2006 年 6 月,张先生进入上海某机械设备公司工作,担任公司生产基地的经理,全权负责生产基地的管理工作,公司与其订立了为期 3 年的劳动合同,约定张某的工资为 10000 元/月。

入职后,张先生工作认真负责,因为成绩突出,多次受到公司嘉奖。2008 年 1 月起,公司还将其工资调整为每月 15000 元。

但好景不长,随着全球金融风暴来袭,公司的生产经营受到很大的影响,由此,公司决定裁减一部分高薪管理人员。张先生也在公司意欲裁减的人员名单中。公司领导要求尽可能降低解雇成本,于是公司人力资源部针对不同人员采取了不同的解约方式。

2009 年 3 月 16 日,人力资源部电话通知张先生,因其"多次瞒报生产基地工伤事故骗取安全奖励、涉嫌监守自盗及商业贿赂",所以公司决定即日解除劳动合同,并采取措施强行要求张先生立即离开公司。2009 年 3 月 18 日,公司将解雇张先生的情况通报了工会。

对于公司解除自己的行为,张先生不能接受,对于公司的解雇理由,张先生更感气愤,他认为这是对自己的诬陷。交涉未果,张先生委托律师于 2009 年 5 月 20 日申请劳动争议仲裁,要求单位支付违法解除的经济赔偿金。公司得知张先生提起劳动争议仲裁后,于 2009 年 5 月 27 日向当地公安机关报案,要求立案侦查张先生涉嫌盗窃及商业贿赂等行为。仲裁庭经过审理,日前,对该案已经做出仲裁裁决,裁定公司系

[①] 资料来源:上海劳动法律顾问网,2009 年 11 月 21 日《劳动报》劳权周刊,承办律师:上海君拓律师事务所李华平律师。

违法解除劳动合同,应当支付张先生违法解雇的赔偿金。

【案例分析】

本案的焦点在于用人单位与劳动者解除劳动合同的行为是否合法,仲裁的裁决对此已有定论,而该案中的公司在解约问题的处理上确实有几个值得大家引以为戒的问题,借助对此案的分析,希望对企业的规范用工有所帮助。

《劳动合同法》第39条规定,劳动者严重违反用人单位规章制度的;严重失职,营私舞弊,给用人单位造成重大损害的;被依法追究刑事责任的等,用人单位可以与劳动者解除劳动合同。也就是说,只有劳动者存在上述情形,用人单位才能对其实施过失性解除。而根据《最高人民法院关于审理劳动争议案件适用法律若干问题的解释》第13条的规定,因用人单位作出的开除、除名、辞退、解除劳动合同、减少劳动报酬、计算劳动者工作年限等决定而发生的劳动争议,用人单位负举证责任。

在此案的庭审中,公司为证明张先生存在多次瞒报工伤事故的情况,找了公司两名员工出庭作证,证人列举了几名发生工伤人员的名字,称公司对他们受工伤的情况不知情,是张先生为骗取安全生产奖金的瞒报行为所致。但是,公司提供的工资单中却能够反映张先生有好几个月都扣除了安全奖金,同时其中一位员工受伤情况还被公司通报过,而证人则称公司不知情。显然,证人的证言不可采信。

公司为证明张先生存有涉嫌监守自盗及商业贿赂的事实,提供了其向公安机关报案的回执单。而报案时间是在解除劳动合同之后才进行的,且回执单只能证明公司报过案,不能证明张先生有监守自盗及商业贿赂等违法的事实。因此,公司据以证明张先生存有严重违纪的事实,证据不足,故解除张先生劳动合同的行为是违法行为。

本案除了认定员工"严重违纪"事实证据不足外,在解除程序上也是违法的。首先,公司解除合同的时间先于通知工会的时间,根据《劳动合同法》第43条之规定,用人单位单方解除劳动合同,应当事先将理由通知工会。这种"先斩后奏"的行为,违反法定程序。其次,公司认为张先生涉嫌触犯刑事责任而解除合同在先,向公安机关报案在后。公司在没有相关证据证明的前提下"先入为主",作出解除决定也是违反程序。最后,公司于2009年3月16日解除张先生,没有出具任何书面通知,也没有出具退工单,只是口头并强行要求其离开公司的行为,也同样是违反法律规定的。

本案中的公司最终为自己的违法行为承担支付双倍经济补偿标准的赔偿金的法律责任。事实上,如果公司确因生产经营发生严重困难,根据《劳动合同法》第41条的规定,通过合法程序是可以进行裁员的,按照法律规定支付相应的经济补偿金。规范的裁员行为,比违法解除合同的成本要低得多。

在此,我们提醒用人单位以劳动者严重违纪为由解除劳动合同的,必须要有充分确凿的证据来证明劳动者存有情节严重的违纪事实,在程序上应事先通知工会,听取工会意见,并将解除理由书面通知劳动者本人。

【案例9-2 单方解约争议案,单位得过证据关[①]】

【案情介绍】

2001年3月,陈某应聘到上海某窗帘有限公司工作。2007年7月,公司聘任陈某为公司总经理,任期为5年,聘期为2007年7月1日至2012年6月30日,并注明可连任,约定月工资为5000元另加当月公司销售总额1%的提成工资。

2008年3月15日,公司以陈某在担任高级管理人员期间,多次违法、违反公司规章制度,利用职务之便侵占公司财产,滥用职权,欺骗公司董事长和股东,给公司造成了严重的利益损害为由终止了与陈某的聘用关系。

陈某认为自己对公司忠心耿耿,任职期间从未有违法或违反公司规章制度的行为,更没有所谓的利用职权侵占公司财产和滥用职权欺骗公司董事长和股东的行为,公司对自己的单方解除属于违法解除,严重侵犯了自己的合法权益。在与公司多次协商未果后,陈某委托律师向公司所在地的劳动仲裁委员会申请了仲裁,要求恢复劳动关系。

日前,该案已经审结。仲裁庭经过审理认为:公司未能提供充分有效的证据证明赵某严重违反规章制度,也未能提供充分有效的证据证明陈某存在利用职权侵占公司财产及滥用职权欺骗公司董事长和股东之行为,公司终止陈某的聘用关系有欠妥当,于是依法作出了裁决,支持陈某要求恢复双方之间的劳动关系申诉请求。

【案例分析】

该用人单位以陈某严重违反公司规章制度、利用职权侵占公司财产为由解除其劳动关系的理由不充分,属于违法解除,陈某依此要求恢复劳动关系的要求符合法律规定,最终获得支持。

本案的争议焦点是陈某是否具有公司所称的严重违反公司规章制度、利用职务之便侵占公司财产的事实,如果劳动者严重违反公司规章制度或严重失职,营私舞弊,给用人单位造成重大损害的,用人单位可以随时单方解除劳动合同,且无须支付任何经济补偿或者赔偿金。但这需要证据来加以证明。

根据《最高人民法院关于审理劳动争议案件适用法律若干问题的解释》第13条之规定,因用人单位作出的开除、除名、辞退、解除劳动合同、减少劳动报酬、计算劳动者工作年限等决定而发生的劳动争议,用人单位负举证责任。因此,公司应当对单方解除陈某聘用关系负举证责任。在庭审中,公司为证明陈某存在利用职务之便购买其私人物品、侵占公司财产等行为向仲裁庭提交了对暂停陈某总经理工作的决定、关于免除陈某总经理职务与其解除劳动关系的决定复印件、员工手册复印件、附表中的话费报销和原料报销、费用报销单、广州某公司发货款的问题汇报复印件、公司对账单复印件、公司费用开支标准及报销程序复印件等。陈某对附表中的话费报销和原料报销、费用报销单中无陈某本人签名部分、员工手册复印件、关于广州某公司发货

[①] 资料来源:上海劳动法律顾问网,2008年7月19日《劳动报》劳权周刊,承办律师:上海君拓律师事务所俞敏律师、徐智强律师。

款的问题汇报复印件均不予确认，对其他复印件均予以确认，但是陈某称其不存在利用职务之便侵占公司财产之行为。很显然，公司提供的上述复印件无法充分有效地证明陈某存在侵犯公司财产的行为。

在庭审中，公司为证明陈某存在利用职务之便购买其私人物品、侵占公司财产等行为向仲裁庭提交了一系列的证据，但是证据之一的对暂停陈某总经理工作的决定、关于免除陈某总经理职务与其解除劳动关系的决定复印件只是公司的单方面决定行为，并不能证明陈某存在任何严重违反公司规章制度的行为；证据之二的附表中的话费报销和原料报销、费用报销单复印件中无陈某本人签名部分、员工手册复印件、关于广州某公司发货款的问题汇报复印件陈某均不予确认，而公司也不能提供其他证据来印证自己的主张，因此该组证据也就丧失了其应有的证明力；对于公司提供的其他证据如公司对账单复印件、公司费用开支标准及报销程序复印件等，虽然陈某予以认可，但是这些证据并不能证明陈某利用职务之便侵犯公司财产。也正因如此，仲裁庭认为公司提供的上述证据，无法充分、有效的证明陈某存在侵犯公司财产的行为，公司单方面终止聘用关系缺乏事实和法律依据，最终做出了支持陈某要求恢复劳动关系诉请的裁决。

通过本案，我们想给用人单位提个醒，单方解除劳动合同须谨慎，随意解除有风险。对于用人单位可以随意解除劳动合同的情形，法律法规都做出了明确具体的规定，只有符合法定情形时才可以单方解除，否则"单方解除"就变成了"违法解除"。而对于违法解除的法律责任，《劳动合同法》第48条规定：用人单位违反本法规定解除或终止劳动合同，劳动者要求继续履行的，用人单位应当履行；劳动者不要求继续履行劳动合同或者劳动合同已经不能继续履行的，用人单位应该按照本法第87条规定支付双倍的经济补偿。

【案例9-3 用人单位拒不出庭如何认定劳动者的证据有效性[①]】

【案情介绍】

2015年1月，劳动者褚某申请仲裁，陈述称自己于2014年7月进入某服装厂从事服装加工工作，双方未订立书面劳动合同，该服装厂每月向其支付工资3500元，但未支付每月的加班工资1500元。褚某要求服装厂向其支付2014年8~12月双倍工资差额25000（5000元/月×5月），2014年8~12月加班工资9000元。

服装厂收到仲裁开庭通知书后，在无正当理由的情形下拒不出庭，亦未提供答辩意见及证据。在仲裁中，褚某提供了有自己名字的工作服、工作牌，自己制作的加班日记，银行交易流水单等作为证据。

劳动争议案件仲裁过程中，用人单位缺席，该如何认定劳动者提交的仲裁证据？

[①] 资料来源：郭媛：《用人单位拒不出庭如何认定劳动者的证据有效性》，载《中国劳动保障报》2015年10月12日。

【案例分析】

《劳动争议调解仲裁法》第36条明确了在劳动争议案件中，被申请人收到书面通知，无正当理由拒不到庭或者未经仲裁庭同意中途退庭的，仲裁庭可以缺席裁决。本案中，作为被申请人的用人单位在收到仲裁申请书副本及开庭通知书后，无正当理由拒不到庭，仲裁庭应作缺席审理。在被申请人缺席的情况下，对于申请人的陈述及提供的证据应该如何认定，成为本案的焦点问题。

实践中对此有两种截然不同的观点：一种观点认为，对申请人的证据应采取形式审查方式，只要证据形式真实合法，与案件有关联性，就予以认定，作为判决依据。另一种观点认为，对申请人的证据应采取实质审查方式，即不仅要对证据进行形式审查，而且还要对证据证明力的大小进行判断，并综合其他诉讼材料做出判决。

《劳动争议调解仲裁法》第6条规定，发生劳动争议，当事人对自己提出的主张，有责任提供证据。与争议事项有关的证据属于用人单位掌握管理的，用人单位应当提供，用人单位不提供的，应当承担不利后果。最高人民法院《关于民事诉讼证据的若干规定》（下称《证据规则》）第47条明确规定，证据应当在法庭上出示，由当事人质证。没有经过质证的证据，不能作为认定案件事实的依据。但《证据规则》没有对缺席审判制度下的证据认定的明确可操作性办法作出规定。然而《证据规则》第64条对证据的认定做出了原则性的规定，即审判人员应当依照法定程序，全面、客观地审核证据，依据法律的规定，遵守法官职业道德，运用逻辑推理和日常生活经验，对证据有无证明力和证明力大小独立进行判断，并公开判断的理由和结果。

综上，在用人单位缺席的情况下，仲裁员需要在坚持中立原则的基础上根据理性对证据的取舍和证明力进行自由判断并形成确信，也就是对证据进行实质性的审查，以此认定案件事实并作出裁判。

本案中，褚某提供的工作服和工作牌上均有被申请人的名称，工作牌上盖有被申请人的印章，以上证据可以证明其与该服装厂存在劳动关系。该服装厂在收到仲裁申请书副本和开庭通知书后，应当出示双方签订劳动合同的相关证据而未出具，应当承担举证不利的后果。故褚某要求2倍工资的仲裁请求应得到支持。

对于褚某关于支付加班费的仲裁请求，根据最高人民法院《关于审理劳动争议案件适用法律若干问题的解释（三）》第9条的规定，劳动者主张加班费的，应当就加班事实的存在承担举证责任。但劳动者有证据证明用人单位掌握加班事实存在的证据，用人单位不提供的，由用人单位承担不利后果。本案中，褚某未提供用人单位掌握加班事实存在的相关证据，其应当对其主张的加班事实负举证责任。但褚某仅有自己的陈述和自己制作的工作日记作为加班事实存在的证据，且其自己制作的工作日记中没有用人单位的任何痕迹，没有证明效力，该证据不能证明其仲裁请求。故褚某要求加班费的仲裁请求不应得到支持。

最终，劳动人事争议仲裁院支持了褚某未订立书面劳动合同2倍工资差额17500元（3500元/月×5月）的请求；驳回其他仲裁请求。

被申请人无故拒不到庭参加仲裁活动，给案件事实的认定带来了很大的不便，在这种情况下，本着司法为民的原则，仲裁员应该加强对当事人举证的指导，准确分配举证责任，严格把握证据审查，以此认定案件事实并作出裁判。

【案例9-4 无正当理由逾期举证要受处罚[①]】

【案情介绍】

王某于2005年7月入职甲公司，任业务员，正常工作至2009年10月。王某起诉甲公司克扣其奖金，故起诉，请求判决甲公司支付业务提成工资698491.1元。对于提成制度是否存在，甲公司一审诉讼中表示其公司对业务提成没有规定，对王某这个职位的销售人员从未有过提成的制度和规定，没有实施过相关提成。

二审诉讼中，甲公司又表示王某这样的业务员有销售提成，认可王某一审提交的提成明细表的真实性，但主张该表系过渡性文件，并非最终确定的提成数额。甲公司二审期间主张其公司已经向王某支付了提成款，因王某离职后未将合同交还给其公司尚欠提成款1万余元。

为证明其主张，甲公司二审期间提交提成明细表复印件、证人证言、公司现金账、支出凭单等证据。对于逾期提交证据的原因，甲公司表示系因其公司更换财务人员没有找到相关凭证。

法院经审理认为，甲公司在一审诉讼中否认提成的存在，二审诉讼中却认可存在销售提成，并提交支出凭单等证据证明其公司已向王某支付了提成款项。甲公司在诉讼中的陈述前后矛盾，且逾期提交证据没有正当理由，其行为严重违背诚实信用原则，妨害民事诉讼程序的正常进行，应当予以处罚。

【案例分析】

本案二审法院对甲公司做出罚款决定的主要依据是《民事诉讼法》第65条的规定，当事人逾期提供证据的，人民法院应当责令其说明理由；拒不说明理由或者理由不成立的，人民法院根据不同情形可以不予采纳该证据，或者采纳该证据但予以训诫、罚款。

新民事诉讼法规定了诚实信用原则，规定对于当事人有过错的延迟举证可以进行罚款等处罚措施。根据新民事诉讼法的规定，法院对当事人逾期举证的行为可以采取的处理方式包括训诫、罚款和不予采纳，本案合议庭考虑当事人主观过错大小的程度决定对当事人予以罚款，符合立法本意，也对双方当事人的诉求及权益做出平衡。无论是否对当事人逾期提交证据的行为做出制裁，值得注意的是法院要组织双方当事人对逾期提交的证据进行质证，并给逾期提交证据的当事人充分解释和陈述的机会，充分阐明逾期提交证据的理由，为双方当事人提供程序上的保障。

本案在新民事诉讼法实施后不久，正确适用法律做出裁定，对不诚信、恶意延迟举证的用人单位予以罚款处罚，对于整肃诉讼秩序、引领建立诚信诉讼具有较好的示范意义。

[①] 资料来源：首都政法综治网，2015年4月30日。